书山有路勤为径，优质资源伴你行
注册世纪波学院会员，享精品图书增值服务

确定性增长

中小企业创新实战案例

DETERMINISTIC GROWTH:
PRACTICAL INNOVATION CASES OF SMALL
AND MEDIUM-SIZED ENTERPRISES

总顾问：李善友
主　编：余　珺　沈　杰

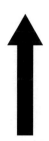

电子工业出版社
Publishing House of Electronics Industry
北京·BEIJING

图书在版编目（CIP）数据

确定性增长：中小企业创新实战案例 / 余珺，沈杰

主编. -- 北京：电子工业出版社, 2025. 3. -- ISBN

978-7-121-49759-9

Ⅰ. F279.243

中国国家版本馆 CIP 数据核字第 2025SC5278 号

责任编辑：刘　琳

文字编辑：牛亚杰

印　　刷：三河市良远印务有限公司

装　　订：三河市良远印务有限公司

出版发行：电子工业出版社

　　　　　北京市海淀区万寿路 173 信箱　邮编：100036

开　　本：720×1000　1/16　印张：16.25　字数：286 千字

版　　次：2025 年 3 月第 1 版

印　　次：2025 年 3 月第 1 次印刷

定　　价：75.00 元

凡所购买电子工业出版社图书有缺损问题，请向购买书店调换。若书店售缺，请与本社发行部联系，联系及邮购电话：（010）88254888，88258888。

质量投诉请发邮件至 zlts@phei.com.cn，盗版侵权举报请发邮件至 dbqq@phei.com.cn。

本书咨询联系方式：（010）88254199，sjb@phei.com.cn。

编委会

序

在商业世界里，企业的核心目标就是追求增长，增长数字成为企业家和高管的枷锁，让他们成了"石磨旁的驴"和"山坡上的西西弗斯"。但增长只是结果而已，企业增长的秘诀是什么？企业家如何带领企业增长呢？在充分竞争、管理极致的今天，增长的引擎只剩下一个，就是创新。可能有人会觉得创新这个词太抽象了，远没有营销技法、产品设计这些更看得见、摸得着。其实，看不见的结构，决定着看得见的内容物。

创新为何会出现？

在当下的商业环境中，我们总是习惯于尊称那些功成名就的企业主、企业高管为企业家。然而，企业家与企业的规模无关，无论是大企业还是小企业，作为企业主，如果你不推动创新了，你就变成管理者了。企业家也与所有权无关，无论是企业所有者，还是职业经理人，或是一个普通职员，只要具备创新精神，时刻寻找创新机会并推动它成为现实，都可以成为企业家。

如果你问我，中国最让我自豪的是什么，中国有哪些资源在全世界都属于名列前茅？答案是我们的企业家资源，我们的创新精神。已故物理学家张首晟教授曾来混沌学园讲过课，后来他跟我说："讲课的时候，我看到下面那几百人眼中的光，就对中国的未来充满了信心。"

创新为何罕见？

创新并不容易，它要求我们跳出现有的思维框架，去探索未知的可能。创新的过程充满了不确定性，它需要勇气、智慧和坚持。当很多人说创新精神就是冒险精神的时候，其实掩藏了一个现实——创新背后是有方法论的。

当年创业的时候，我记得周鸿祎把《创新者的窘境》这本书推给我，我看不下去就扔了。后来我创业失败重新看这本书，在看进去的那一刻，我几乎想给自己一个嘴巴子。大多数人不知道，他们也违背了几乎众所周知的创新法则，就像我当初那样。如果你相信哲科思维，相信任何事物背后都有道理，那么创新背后也有道理。

如果你有了创新精神，就已经具备成为企业家的可能性。但如果你想成为成功的企业家，将可能性兑现成可行性，或者至少提高你成功的概率，就还需要了解成功创新的原理，并加以运用。创新和认知从来息息相关，并且，认知是因，创新是果。

混沌在做什么？

2011年，我"退隐江湖"，回到中欧开始做创业营。2014年，我又成立了混沌，自此以后就一直致力于探索和传播创新的理念和方法。

10年间，无数企业家汇聚混沌，和我们一起研习、探索创新理论，当市场都在学创业的时候，我们在学创新。我们邀请顶级创新者来讲学：凯文·凯利、尤瓦尔·赫拉利、周其仁、俞敏洪、周鸿祎、左晖、张邦鑫、梁信军……我们吸引了最前沿的创新者来共学：柳青、傅盛、罗振宇、徐小平、马东……这个长长的名单，就是一部最鲜活的商业创新"断代史"。

在这个过程中，我一直思考一个问题：混沌究竟创造了哪些独一无二的价值？有三个关键词回应了我："一"思维、三环生态和美好作品。

"一"思维代表了混沌创新方法论研究的成果。作为混沌创办人，我同时也是混沌核心课程的研发者，在10年间其实只做了一件事——做课。"一"思维这套理论体系，融合了第一性原理和创新领域，代表了我们在商业创新领域的研究结晶。

三环生态是混沌这个组织，这是混沌独有的组织形态。混沌的总部、分校和领助教团队构成了三环。企业家们经由分校的联结，在混沌学习，其中部分人在这个过程中和我们的使命同频共振，并加入了混沌，成为混沌的创新领教、创新助教。

一个理论如果不能付诸实践，不能有应用场景，那这个理论是没有生命力的。它必须在现实世界真的能发挥作用才是活的，才能证明其存在的价值点。在2019年的时候，混沌这个生态孕育了一个小生态——混沌创商院。在这个小生态里面，创新领助教们和中国广大的中小企业的创新者们一起，研习"一"思维，并将它应用于业务战略梳理这个创新场景中，解决企业核心团队梳理战略方向、提升战略共识的问题。而"一"思维的主打模型"一"战略，也在这个小生态中形成雏形，并不断被应用，在反馈、迭代中活了起来。

帮助混沌的同学应用混沌的理论，并使他们从中受益，这是我追求的目标。那究竟什么才能让同学受益呢？答案是美好作品。对于混沌的同学，我们不再是教给他们什么，而是帮助他们创造他们自己的美好作品。今年，混沌创商院这个小生态也已经5岁了，它已经帮助5000多位企业家输出了业务创新方案，帮助他们迈向他们的美好作品。

为何有了这本书？

今天，我们面临着一个更加快速变化的世界，企业家们经常发现，自己被卡在了过去和未来之间，卡在了笃定和迸发之间，卡在了理性和感性之间。人人火热激昂，躁动张扬，左冲右突却又原地打转。有同学问我：到底怎么啦？到底怎么办？

我内心的一个声音回应他：世界向前，我们向上。如果我们一直停留在原有的平面维度里，尝试寻找问题的答案，那所谓的向前只不过是低水平的重复而已，就像闷着头啄米的小鸡，永远看不见卡着自己的那道院墙，更遑论走出去。那么，踏着书籍的阶梯，也许我们可以向上，创造出一些新的可能性。并且，这一次，我希望这本书不再是混沌的自说自话，不再是大咖们的孤芳自赏，不再是纯理论的曲高和寡，而是来自混沌的同学们的回流，于是有了这本书。

书中的素材来自混沌创商院的校友，它们分属不同行业，有不同的规模、实现创新的形式，或基于产品，或基于营销。但透过这些内容物，同构的是"一"思维式的创新方法和由此生成的美好作品。混沌的另一批同学已经是混沌的领助教了，他们又在案例之后分享了他们对这些内容物背后同构性的理解。

我是李善友，混沌的创办人。《确定性增长：中小企业创新实战案例》不仅仅是一本书，更是我对企业家精神的一次致敬，也是我对商业创新方法论的一份贡献。

李善友

前言

大时代的创新命题：中小企业业务创新

改革开放以来，中国经济经过四十余年的高速发展，经济实力空前跃升，GDP从十名开外跃升到世界第二。在这个过程中：

中小企业占比越来越高，不仅体现在经济贡献上面，而且体现在商业创新活力上面（有数据显示，我国中小企业贡献了五成以上的税收、六成以上的GDP、七成以上的技术创新和八成以上的城镇劳动就业）。因为，中小企业在资源禀赋方面无法跟大型企业相比，管理能力也无法与之抗衡，这些反而倒逼中小企业不得不"剑走偏锋"，去探索新的商业机会，从而发挥"船小好调头"的优势。并且，中小企业天然本小利微，所以在面临创新风险的时候，背负的包袱更小，反而更勇于尝试。很多中小企业的创始人，本身是连续创业者，将创新的实践经验带到新的组织中去。

近年来，我国的经济发展模式逐步从高速发展转变为高质量发展。这对企业来说就意味着，企业未来靠简单的模仿、靠重复做已经在做的事，难以再实现增长，甚至迟早被创新者降维打击。所以说"创新=找死"，但"不创新=等死"。

在这样的时代背景下，一个创新命题就浮现出来：中国的中小企业，如何以创新为驱动，融入高质量发展的经济趋势，实现自身的发展呢？如果说，此前的四十余年里，中小企业是"摸着石头过河""压着车辙前行"，跟随着大企业或外企走出一条自己的路。那现在，石头没了、车辙也少了，如何创新？如何更高效率、更低风险地创新呢？这是留给中小企业的问题，也是留给处于转型周期的大型企业的问题。

商业创新案例的价值：总结归纳、提炼本质、借假修真

在"商业创新"这个议题的理论研究中，一种常用的研究方式是案例研究。它的优势有两个：第一，能够发现商业理论不能解释的独特现象，进而暴露商业理论的漏洞，推动理论向前发展；第二，能够平衡商业情景的复杂性和商业理论的简约性，避免理论研究脱离实际，从而推动理论研究反哺商业决策。

对于来自商业世界的读者而言，商业创新案例的价值就在于三点：第一，总结归纳。通过阅读创新案例，了解他人的创新实践有哪些，可创新的领域有哪些，看到自己没看过、没想过的，进行总结归纳。但这只是最初级的价值，因为具体的创新实践的动作，保鲜期非常短。也许第2个这么做的人还能成功，但第200个这么做的人就很难成功了。第二，提炼本质。创新的具体实践动作只是现象，背后的本质是孕育创新的思想框架。所以，借助阅读商业创新案例、推敲商业创新案例中的来龙去脉，学习他人的创新思想框架，这是商业创新案例的进阶价值。创新思想框架、创新方法的保鲜期要比创新实践的长得多。第三，借假修真。企业家要提升自己的创新成功率，最终必然要构建自己的创新思想框架。借假修真，即借助别人的商业实践来打磨、修正自己的创新思想框架，这是商业创新案例能给大家的更高层级的价值。在阅读商业创新案例的过程中，你可以把自己代入案例中主人公的视角，提出自己的构想，然后比照案例中主人公的构想和实践。这时候重要的不是纠结孰对孰错，而是思考这些构想背后的创新思想框架有哪些是值得你借鉴的。这样，随着你看的商业创新案例数量越来越多，你的创新思想框架就能够变得越来越成熟、完善。

总而言之，作为商业实践者而非理论研究者，我们读商业创新案例的目的只有一个，就是提高自己未来做业务创新的成功率。当我国的中小企业都面临"如何创新"这个命题时，我们希望这本书能够起到一些总结归纳、提炼本质和借假修真的作用。

混沌的使命与历程：研究和传播基于哲科思维的创新理论

需要说明的是，这本书分享的商业创新的主人公们，都是混沌的校友。混沌

的前身是"混沌大学",创办于2014年。当时正是互联网兴起的时期,混沌升腾起一个梦想——办一所没有围墙的互联网大学,去陪伴这个时代最有梦想的人。

从2014年到2018年,这4年间,混沌的课程每年都在变化,也越来越发现:一方面,创新是一个系统工程,分别从战略、组织、财务这样的单一学科着手只会导致片面性。另一方面,互联网时代让我们越来越容易积累知识,甚至积累的知识尚未吸收就已经过时。这导致我们积累的海量知识通常是散落在各个学科中的,仅仅只是分析、归类、理解它们就会消耗我们很多时间与精力,把它们再汇总起来支持决策就更难了。积累知识这件事,非但没有帮我们解决问题,反而增加了我们的焦虑。于是,混沌提出:这个时代的创新者,需要的不是增加知识,而是升级思维方式。而混沌的定位也进一步清晰了——混沌要做的不是创业教育,而是创新教育;混沌的使命是把哲科思维的薪火传递给中国的创新者。

从那以后,混沌开始着力积累商业创新的跨学科理论,致力于将传统商学院中的选修课程——创新课,拓展为一个基于哲科思维的完整的创新学科。

本书中的案例,都是在那之后的一段时间里,混沌一边打磨创新理论,一边传播理论的成果。

混沌创商院:中小企业业务创新的实战场

2019年时,混沌的业务拓展到了线下,成立混沌创商院。不同于传统商学院,混沌创商院采用"思维模型+刻意练习""线上学+线下练""三师制"(线上和李善友教授研习理论,线下和实战创新教练互动研讨,同时和其他的企业创始人、核心高管相互学习)的创新教育模式。

混沌创商院对自己的定位不单是一个研究机构,还希望用研究成果点亮中国的商业创新事业。具体到混沌创商院里,目标学员聚焦在中国中小企业的创始人和核心决策团队,核心目标是应用混沌创商院的研究成果助力中小企业提升创新的成功率。因此,混沌创商院在授课之外,还采用全程陪伴式教学,在2个月的学习期内,协同混沌创商院的创新教练,和学员一起打造自身企业的创新增长方案。

自2019年至今,已有5000多位校友在混沌创商院学习,这些校友大都是企业创始人、高管。其中,天目湖旅游公司、零一数科、易点天下、龙湖集团、分众传媒、创维集团、青藤文化、壳牌石油、小罐茶、洽洽食品、映客、微医、大搜车、东鹏集团等500余家企业团队加入学习。

混沌创商院在全国有11个校区，华北地区有北京校区，华东地区有上海、杭州、南京、苏州、福建5个校区，华中地区有武汉、长沙2个校区，华南地区有覆盖广深和港澳的大湾区校区，西北地区有西安校区，西南地区有成都校区。

2021年时，混沌创商院的课程经过2年打磨，逐步形成了一套商业领域的业务创新方法论。怀着"商业+公益"相互赋能的初心，混沌创商院拓展了面向公益议题的创益院。至今，九阳公益基金会、复星公益基金会、上海第一财经公益基金会、壹基金公益基金会、传化慈善基金会等约90个公益组织或项目的负责人在创益院学习并梳理项目的战略方向。

本书中的案例，除如实陈述企业在特定领域的业务创新实践外，还专门在每个案例之后补充了"混沌教练说"，这些"混沌教练说"由过往5年里亲自辅导混沌创商院学员的教练撰写，运用了混沌创商院的创新思考框架来分析这些案例背后可以被我们借鉴的思想。

本书的章节设置和案例选材

篇幅有限，本书只能选取有限的校友创新实战案例，没被选取的案例都非常可惜。如何用有限的案例给读者创造尽量大的价值，成为本书编委们选取案例的一个共同标准。

为此，我们首先对过往的校友创新实战案例做了一些总结研究。同时，也结合这个时代里中小企业创新过程中面临的命题进行研究。最终，结合以上两个方向，我们获得了时代有需要、混沌有积累的创新命题，并用它们作为全书的6个篇章，分别是：时代趋势篇、产品/服务创新篇、营销创新篇、技术创新篇、公益创新篇、总结篇。在最后的总结篇，我们选择了一个案例来系统展示混沌创商院的创新思考框架，在我们看来，趋势、产品、营销、技术，乃至公益，其背后的底层逻辑是一致的，也就是我们目前在混沌创商院传授的业务创新方法论。

在确定了篇章主题之后，第二个问题是选取哪些具体的案例。在讨论之后，编委们最终确定了选择标准：第一，呈现不同的创新实战，代表不同的方向；第二，创新实战本身的推广性强，本身揭示了一些可习得的创新思考角度；第三，案例本身所在的行业是大众熟知的，企业本身的特异性也尽量少，能够代表行业里的普通企业，这样读者能够更容易代入案例中主人公的视角，尝试思考"如果是我，会怎么思考，如何决策"。

如此一来，最终本书收录的创新案例多数是中小企业，希望这样的选择，能够保障案例所承载的创新方法被学习、被复用。但是，仍然有个别案例源于上市企业，它们创新成功的第一原因仍然是决策领先。同时，我们也认为：即使是上市企业，它们在做创新业务的时候，也应该放下自己的架子，像中小企业一样思考，避免被过去的成功限制了创新活力，抑或是陷入"资源诅咒"。综上，我们希望这本书不但能够帮助中小企业的创始人和核心决策团队，而且能够帮助大型企业中创新业务的实际负责人。

余珺

第五篇　公益创新篇

第六篇　总结篇

第一篇　时代趋势篇

→

第一章 【时代命题】如何在跨境电商大市场中找到单一要素小切口，实现国内产能出海

案例教练：张一楠——混沌创商院创新教练

访谈对象：黄晓斌——创荣深科技联合创始人、混沌创商院14期校友

关 键 词：出海、跨境电商、供应链升级、核心能力迁移

▶ 痛点场景和关键挑战 ◀

随着全球化的不断深入，跨境电商已经成为中国对外经济交流的重要组成部分，其影响力不亚于古代的丝绸之路。作为中国创新力量的"新四大发明"之一，跨境电商不仅在国内取得了巨大成功，而且在国际市场上展现出了巨大的潜力和活力。但这毕竟是一个新的领域，如何能够快速找到切口进入，从而展开业务？这成为很多企业要共同面对的课题。

痛点场景

- 起步阶段，需要面向新市场做品类选择。在供给和需求日益多样化的今天，中国跨境电商企业在起步阶段面临的首要挑战是如何精准选择匹配的品类。
- 增长阶段，需要达成做大、做强的目标。跨境电商在成功度过启动阶段之后，就要面临如何增长、做大做强的命题，需要拓品、拓渠道，将线性增长升级成指数式增长。

- 蜕变阶段，需要从贸易商升级到"品牌"。跨境电商扮演的是本土供应链和海外市场之间的桥梁角色，本质上还是出口贸易商。然而，出口贸易天然受到本土产业链能力的限制。例如，当本土产品的设计不能满足海外特定市场的特异性需求时，贸易商的身份就没办法解决这个问题。所以，一些贸易商在做大做强之后，就选择蜕变成"品牌"，利用自己对特定海外市场的了解，赋能、整合国内的供应链。

📈 关键挑战

- 如何在新市场中进行产品种类选择决策？在众多产品中选出具有出海潜力的种类，是企业必须面对的关键问题。因为它不仅涉及对目标市场的深入了解，还包括对产品卖点的精准把握。

- 如何在日常运营中积累跨境电商自己的核心能力？跨境电商的主要业务内容包括进行不断的选品、不断的仓储管理。但是，随着业务体量的增长，企业"犯错"的可能性越来越大，"犯错"的成本也越来越大。做大做强，往往变成大而不强。所以，企业如何在日常运营的过程中积累自己的核心能力，越来越少"犯错"？

- 如何整合、构建企业供应链？快速整合供应链上下游，形成有效的出海战略，对于企业在国际市场上的成功至关重要。这涉及如何以一点带动多点，形成合力，共同攻坚。

▶ 案例故事 ◀

出海小快艇，抢滩登陆战：小切口如何撬动大市场

时代给了企业一个风口，出海成为近几年国内企业公认的一个业务机遇。这是中国制造自信的一个体现，也是我们中国在世界上影响力提升带来的一个必然结果。中国企业有能力出海，而"海"的另一端也需要中国企业走进来。电商是中国企业领先于世界的一个领域，结合起来，跨境电商就成为一个公认的机会。案例企业和众多其他企业一样，踩着这个风口，进入了跨境电商领域。

深圳创荣深科技有限公司（下文简称创荣深）并不是跨境电商企业中数一数

二的存在，却是众多跨境电商企业的一个代表，也是中国各行各业中创业者的代表。创荣深有着自己对行业的洞察与思考，一步一步地在自己所在的领域中劈波斩浪地前进着。

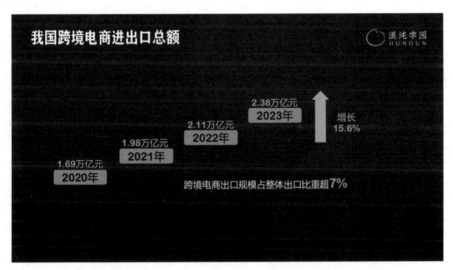

入局：紧跟风口，冷静抉择

经过20年的发展，中国的跨境电商日趋成熟，也成为中国经济的一个重要组成部分。据初步统计，2023年我国跨境电商进出口总额2.38万亿元，增长15.6%，如图1-1所示。增长幅度大于同期我国进出口总额。越来越多的企业投身到这条商业赛道。

图 1-1　我国跨境电商进出口总额（数据来源：商务部、海关总署）

创荣深创始人敏锐捕捉到了跨境电商领域的蓬勃发展契机，于2019年正式注册成立了深圳市创荣深科技有限公司。公司首席执行官黄晓斌先生富有前瞻性，他预见到，中国跨境电商行业即将迎来大规模的急速扩张，这一洞见与企业生命周期曲线理论中所述的高速成长阶段相互印证。此阶段入场，企业将享有诸多优势。

知识点解析：企业生命周期曲线理论

美国管理学家伊查克·爱迪思曾用20多年的时间研究企业如何发展、老化和衰亡。他撰写了《企业生命周期》一书，把企业生命周期分为几个阶段，指出了企业生命周期的基本规律，揭示了企业生存过程中基本发展与制约的关系。后续其他学者在此基础上进行提炼总结，形成了"破局期""成长期""变革期""衰退期"等几个有代表性的阶段。

尤为值得注意的是，国家层面的强力政策扶持，为中国跨境电商行业的腾飞铺设了坚实的基石。自2015年起，国务院先后批准设立了总计132个跨境电商综合试验区，这些试验区遍布全国各地，构建了一张海陆并进、东西互济的战略网络。这一系列布局不仅深化了国内外市场的互联互通，还通过"以点带面"的策略，有效激发了全国范围内跨境电商的全面兴盛与创新活力，推动形成了一个开放包容、高效协同的跨境电商生态系统。

风口一定会吸引越来越多的跟风者，竞争势必也会愈加激烈。是成为乘风而起的大鹏，还是成为昙花一现的"被风吹起来的猪"？作为茫茫商海中的一艘小船，企业如何快速找到方向与目标，抢在其他企业的前头登陆，建立据点，关系到企业的生死。这需要企业负责人对自身公司团队能力的冷静分析，精准决策，而不是随大流式的跟进，在竞争的红海中被风暴击打得体无完肤。

创荣深创始团队没有冲动决策，而是分析公司以往部分业务，萃取其核心能力。如，2015—2018年销售工业焊接机、船外马达、舞台设备控制台等多重大货产品，高货值家庭投影类目产品，单类年度GMV超5000万元。2018—2019年销售大灯具、大家电等类目产品，年度GMV超8000万元。回顾这些业务，体现了公司对海外市场需求的判断能力，对大宗产品的运营和销售能力。同时公司在产品布局与迭代更新，以及吸引外部资源上体现出其特有的能力。这些能力的积累也势必会助力公司在跨境电商行业的发展。

知识点解析：GMV

GMV即商品交易总额（Gross Merchandise Volume），是一定时间段内的成交总额的意思，多用于电商行业。

破局：寻找切口，以小见大

跨境电商构成了一个庞大且错综复杂的商业生态系统，其中，入局企业需直面全球范围内多元化市场的广泛需求与偏好，同时，在浩瀚无垠的商品供应海洋中精准定位，并优化选取高匹配度的产品组合，这一过程考验着企业的战略导航能力。企业若未能迅速确立其市场定位与差异化战略，就如同汪洋中失去方向的小舟，极易遭受市场激烈竞争的严峻挑战，面临被淘汰的风险。

创荣深在初期市场战略制定上，优先聚焦于北美市场，这一决策根植于其丰富的历史经验和对该市场的深刻了解。然而，北美市场的消费者需求呈现出高度异质性，与国内市场需求存在显著差异，这对企业的市场洞察能力提出了更高要求。企业必须在借鉴过往成功经验的同时，避免陷入"经验主义陷阱"，即过度依赖既往战略而忽视市场动态变化，这正是路径依赖现象的一种体现。该挑战不仅是创荣深面临的问题，而且是整个跨境电商行业在新时代背景下面临的共同问题。

创荣深发现，北美市场客户相比国内客户，搬家次数更多。据相关机构统计，美国成年人一生平均要搬家7次，并且这种搬家往往是携带家具的整体搬家。随着社会流动性增强，以及居住空间的不断调整、变化，人们对家具产品的运输和拆卸便捷性提出了更高的要求。这一现实需求恰好揭示了宜家的产品在全球范围内广受欢迎的一个核心要素：其产品设计充分考虑了搬运、安装与重组的简易性。那宜家是否充分满足了人们的所有需求？换句话说，宜家是否给其他公司留了一个生存空间？结合需求场景，对标宜家的产品，创荣深发现，有一些细分品类宜家暂时没有做到重新组装的便捷性，比如床垫。

当发现床垫这类产品切口的时候，创荣深并没有马上被"洞见"冲昏头脑，而是冷静思考，为什么宜家的床垫没有做到相关的便捷性？经过调研分析，创荣深发现，不是宜家没有发现相关产品需要迭代（包括床垫在内的一些宜家家具），而是部分连接件在二次拼装的时候存在破损的风险。但宜家的公司体量决定了他们在决策流程上是相对烦琐的。同时宜家家具全球统一的设计，缺乏对特殊地域的个性化需求的思考。这就导致客户的某些需求没有得到满足。这也从反面印证了一句古代谚语："船小好调头"。

面对如宜家这类的跨国巨头，创荣深就像一艘围绕在巨轮边上的小快艇，只有找到巨轮的死角，才能快速寻找机会。发现了搬家这一需求场景，创荣深从折叠床垫入手，配套客厅、卧室里的相关家具产品，聚焦搬家时二次组装家具的场景，进入北美市场。2020—2021年度，创荣深的GMV超1亿元，并且在这一过程中形成了增长飞轮（见图1-2），让公司进入了能力积累的循环。这也为创荣深未来的发展奠定了能力基础。

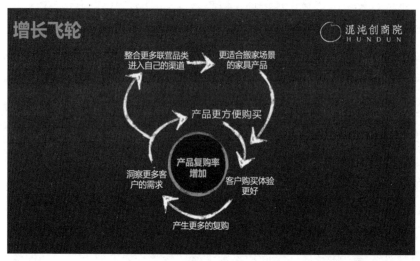

图 1-2　创荣深的增长飞轮

布局：赋能对口，组团出动

创荣深在北美家具市场的卓越表现，不仅彰显了其在细分领域深耕的战略眼光，而且标志着公司团队在能力积淀上的显著成效。通过精准定位小众品类并成功激活增长飞轮，创荣深展现了其在市场需求精准洞察与精益供应链管理方面的高超技艺。在这一过程中，高效的跨组织协同与供应链管控机制起到了核心支撑作用，对于意欲实现品牌国际化的出海企业而言，这些能力构成了不可或缺的竞争优势。

洞察到众多企业在全球化进程中对此类能力的迫切需求，创荣深采取了前瞻性的战略，主动与这些企业对接，旨在构建一个协同共生的出海生态系统。在此番合作框架下，创荣深不仅提供了一条通往海外市场的稳固航道，让合作伙伴得以搭乘其成熟的国际化平台"航线"；更进一步，它旨在引领并整合资源，促成一个协同出海的"舰队"，共同抵御市场风浪，共享出海机遇。

通过这种战略部署，创荣深不仅强化了自身作为探索者的地位，而且促进了行业内外的资源共享与优势互补，为参与的各方开辟了全球化发展的新航道，共同推动中国品牌在国际舞台上绽放光彩。

▶ 混沌教练说 ◀

能力积累与迁移，是价值网络中的关键点

随着科技进步的步伐加速，以及全球互联网生态的蓬勃兴起，尤其是近年来人工智能技术与大型预训练语言模型的实质性突破与广泛应用，各行各业正经历着前所未有的转型与重构。这一系列革新不仅催生了新兴行业的崛起，而且加剧了传统行业的迭代速度，导致职业稳定性的传统预期面临重大挑战。企业生命周期的动态调整变得更为频繁，其平均存续时长往往不及个人职业生涯的跨度，映射出一种新常态：个人在职业生涯中可能需跨越多个行业领域，而其所服务的企业或整个行业领域则可能经历兴衰更替。这就需要人们具备迁移赛道的能力，同时也要在不同赛道的迁移中积累能力。

案例企业进入跨境电商行业的经验总结起来，主要有需求洞察，能力迁移和价值网络延伸三个关键点，而这几方面也可以给广大创新者启迪。

📈 需求侧视角才能找到真痛点

真正实现市场需求的深刻洞察，核心在于采纳一种深刻的"需求侧视角"思维模式，而不仅仅是形式上的提及。这一过程之所以给企业带来挑战，是因为企业往往沉浸于自身产品的深度优化与创新之中，进而产生一种认知偏差，即认为其产品天然契合市场需求。这种"产品中心主义"的倾向，导致企业在缺乏正面市场反馈时，倾向于通过一套"自我合理化"的逻辑来解释现状，比如归咎于外部环境的不确定性或市场接纳的时滞性，而非反思产品与市场需求之间的实际脱节。

正如诺基亚在由功能手机向智能手机转型时期所面临的局面，尽管诺基亚内部可能坚信其产品策略的正确性，但市场趋势的骤变揭示了其未能从需求侧真正

理解并预见消费者偏好的转移。这种情况下，"需求侧洞察能力"的缺失，成为诺基亚战略误判的关键因素。

案例企业（创荣深）成功打破了供给侧思维定式的局限，深入践行了以客户需求为导向的核心战略。通过细致入微的市场洞察，精准把握本土客户的本质需求，以此为基点，灵活调用其高度的业务敏捷性，进行战略性布局。案例企业迅速响应市场信号，动态优化其业务模式，构建一个高效、自洽的业务生态系统，实现了从需求识别到价值交付的闭环管理，从而在竞争激烈的市场环境中脱颖而出。供给—需求连接简图如图1-3所示。

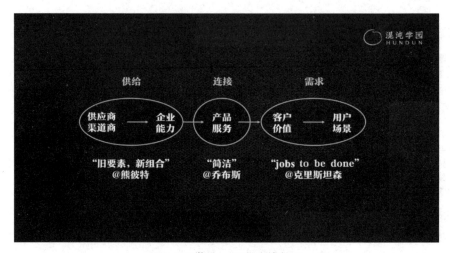

图 1-3 供给—需求连接简图

需求侧洞察力聚焦于深度剖析客户与终端用户的差异化特征，这一区分本身就是需求侧分析的一大核心维度。在当今复杂多变的商业生态系统中，企业面对的客户群体与产品或服务的实际体验者（终端用户）往往不一致，甚而，客户的下游客户亦非直接用户的情形屡见不鲜。因此，企业亟须培养超越直接客户范畴，深入探索次级客户（间接客户）需求痛点的能力，这不仅是市场敏感性的体现，也是战略前瞻性和创新力的关键所在。

需求侧视角可分为：代入特定视角的能力和推广需求共性的能力。简单来说，前者是通过分析、理解他人需求，并加以归纳、总结，完成产品设计；而后者是从开发者自身的需求入手，推导到他人的类似需求，进而满足市场的需求，完成商业闭环。除本案例中的企业外，运用这两方面能力获得成功的案例还有很多。

比如，代入特定视角的企业有：张一鸣创立的抖音；黄锦峰创立的完美日记。虽然这些企业可能还没有这些方面的需求，但它们看到了各自市场的需求。还有一些企业的出发点就是，解决创始团队自身的痛点，这就是推广需求共性的能力带来的力量。例如，三顿半的创始人吴骏自己就是咖啡爱好者，想解决自己喝高品质便捷咖啡的痛点；小红书的创始人之一瞿芳自己就喜欢海淘，这才有了小红书的雏形。

但需要指出，过分强调其中一点的企业，一定不会拥有良好的需求侧视角。只追求代入特定视角的分析，可能会让企业找不到客户（用户）的真正痛点，出现"妈妈觉得你冷"的尴尬。相反，只追求推广需求的共性而缺少客观的分析，则会让企业陷入从"供给侧"角度思考的执念。觉得"我的"需求就代表"市场大部分的"需求，会让企业的业务方向出现偏差。

能力积累、迁移、迭代，形成闭环

企业的核心能力构成了其市场地位的基石，这是一种多维度、综合性的能力体系，超越了单纯资源累积的范畴，并且其形成机制受到边际效用递减法则及其他复杂因素的共同制约。此核心能力的本质特征在于难以枚举及精确量化，它植根于企业日常运营的深厚土壤中，经由时间的洗礼与实践的锤炼而逐渐彰显，更多体现为一种定性分析的对象。

更深层次地剖析，这一核心能力是以下三种能力的交汇点，如图1-4所示。首先，它是企业内部通过长期积累与创新所形成的独特知识体系与专有能力；其次，该能力应体现竞争对手虽极力模仿但难以完全习得，构成了企业的战略防御壁垒；最后，这一核心能力还需直接关联并正面影响客户（用户）的体验与价值感知，确保在客户（用户）心中树立鲜明而积极的形象。

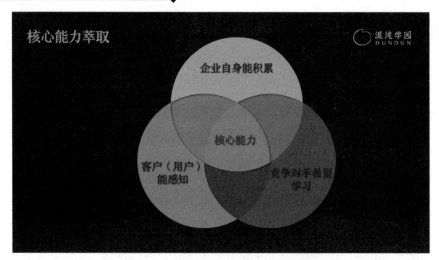

图 1-4　企业核心能力萃取简图

在当今瞬息万变的商业生态系统中，跨界整合已成为常态，凸显了行业边界的模糊化与重构趋势。这迫切要求企业具备跨领域适应的核心能力，确保这些能力能够在多元化的行业环境中顺畅迁移，并实现"迁移—积淀—再迁移"的良性循环，从而构筑起企业能力的动态累积与迭代机制。这一过程不仅是对企业战略灵活性的考验，也是强化其业务韧性的关键路径，旨在赋能企业从容应对内部转型的挑战，同时有效抵御外部环境的非连续性冲击，如技术颠覆、市场需求突变等不确定因素。

案例企业得益于其深厚的能力积淀与核心能力的萃取，从而在其踏入跨境电商这一新兴领域后，能够迅速识别并抓住增长的突破口。更进一步，该企业展现出通过输出这些内生优势来赋能合作伙伴的战略远见，旨在构建一个互惠共生的利益生态系统。此举措不仅促进了自身的持续扩张，也带动了行业内其他企业的协同发展，实现了价值共创的高效范式。

江小白的入场标志着白酒行业一次典范性的核心能力提炼与转移实例。其创始人陶石泉先生，凭借自身在白酒领域的深厚积淀，不仅移植了宝贵的经验至江小白，而且创新性地融入了新媒体运营的前沿智慧，通过吸纳具有丰富的新媒体运营经验的青年团队，实现了企业组织结构的年轻态转型。这一战略举措巧妙利用了移动互联网的强大传播效能，开创性地在传统白酒行业中开辟出一片蓝海市场，成功占据了行业生态中一个独特而富有活力的新位点。

努力成为价值网络关键节点

没有企业能孤立存在，它们的运营模式更像是嵌入于一个复杂交织的价值网络之中。这一深邃见解最初由美国美世（Mercer）咨询公司的杰出战略专家亚德里安·斯莱沃斯基于1998年的著作《发现利润区》中提出。斯莱沃斯基强调，在互联网技术和信息化浪潮的推动下，市场环境日趋激烈，促使企业从传统的供应链模式向更为动态的价值网络转型，旨在精准对接并超越客户日新月异的期望。

书中将价值网络定义为一种革新性的商业模式，它巧妙连接了客户不断提升的需求与生产环节的灵活性及成本效率。该模式利用数字化信息的高速流通，实现产品的即时配送，有效规避了高成本的中间代理层级。通过整合协同的供应商生态系统，价值网络能够提供高度个性化的解决方案，进一步强化供应链的响应速度与定制能力。

三十多年后，价值网络理论体系已历经全面的验证，并实现了超越性的拓展。传统的以客户为单一价值输出端的框架已被摒弃，取而代之的是一个更为复合、互动的模型，其中每个参与者均被视为价值网络中的一个活跃节点，不仅消费价值，而且创造并传递价值，形成了一个多维度的价值循环生态系统。

尤其值得注意的是，在某些连接供应与需求的关键企业实例中，客户身份的界定变得愈发模糊，不再局限于传统定义。以互联网视频平台为例，其生态内部的角色多元且交织：付费会员作为终端客户自然是服务的直接受益者；而广告投放企业，通过平台触达目标受众，实现品牌传播或产品推广，同样构成了平台价值的重要贡献者；再如内容供应商，他们所提供的丰富的媒体资源，是平台吸引与留存客户的基石。在此复杂的价值网络架构下，每一方既是价值的消费者，又是价值的创造者和传输者，共同编织了一张错综复杂、互依互存的商业生态网。价值网络如图1-5所示。

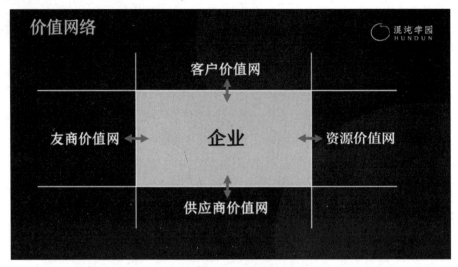

图 1-5　价值网络

一个企业的兴衰存亡日益取决于其在价值网络中的定位是否关键。如果企业无法深度融入该网络，即便拥有卓越的业务模式亦难逃失败的命运。洞悉此商业真理，案例企业采取了前瞻性的策略，致力于在其供应链的纵向维度上强化协同效应，通过与价值网络各参与方构建深度互惠的合作框架，旨在实现更高层次的协同共生与利益最大化。通过深度融入并主动塑造价值网络，该企业不仅增强了自身的市场适应能力和抗风险能力，还向可持续的发展模式转变，从而在激烈的市场竞争中稳固其生态位。

在跨境电商的浩瀚蓝海中，创荣深或许不是那艘引人注目的巨型旗舰，但它绝对是破浪前行、导航精准的智慧之舟。它凭借超群的智慧与敏锐的市场洞察力，毅然决然地驶入这片充满挑战与机遇的商海。征途之上，既有发现珍宝时的欢声笑语，又有汗水浇灌后丰收的喜悦。面对惊涛骇浪与"海怪"般的重重困难，"创荣深"们以无畏之姿，巧妙应对，每一次交锋都铸就了更加坚韧的船体。

正是这些勇往直前、不畏艰难的"创荣深"们，赋予了商业世界前所未有的活力与色彩，将全球经济版图绘制成一幅绚丽多彩的画卷，每一次翻页都展现新的奇迹。在他们的奋力推动下，"地球村"已不再是遥不可及的理想，而是触手可及的现实，让国际交流变得如同邻里间的日常拜访一般亲切、自然。

启发思考题

1. **分析一下，企业的客户有哪些？客户有没有客户？他们是不是最终的用户？**

① 列举这些客户的共性特点，分析他们有哪些特别希望得到的价值？

② 列举终端用户的产品使用场景，他们有哪些高频动作，希望解决什么问题？

2. **思考一下，企业有哪些是自己积累的，让同行不断想向其学习，同时最终能让客户感知的能力？**

① 用三个关键词描述企业的特点，尽量具体。

② 从以往企业经营的成功案例中，提炼两到三个与企业"生死攸关"的场景，说一说企业是通过哪几个关键动作跨过难关的，这些动作的共性有哪些？

3. **绘制企业所在行业的价值网络图，说一说客户、供应商、友商、资源等要素在价值网络上是如何体现的？**

① 结合近三年外部环境的变化，说一说价值网络这些节点对企业的影响有哪些？

② 能否将对企业影响最大的价值网络节点单独列出来，再画出它的价值网络图，连同企业的价值网络图，整合成一张价值网络图。

02

第二章 【时代命题】从零到一的商业模式创新——如何抓住科技红利创造商业成果

案例教练：彭岩——混沌创商院创新教练

访谈对象：易鸥——美丽修行CEO、混沌创商院16期校友

关 键 词：消费升级、用户信任、科技红利、单点破局

▶ 痛点场景和关键挑战 ◀

随着全球经济的持续增长和消费者对个人形象美的追求日益提高，美妆行业的市场规模不断扩大。特别是在中国等新兴市场，美妆产品消费呈现出强劲的增长势头，成为推动全球美妆行业发展的重要力量。

随着国家对化妆品行业的监管力度不断加强，品质安全已经成为美妆行业的焦点问题。越来越多的企业开始注重产品的品质、安全性等方面的把控，以确保产品的质量和安全。同时，这对美妆企业的研发能力、生产水平等方面提出了更高的要求。

当前美妆行业正处在一个充满机遇和挑战的发展阶段。面对消费者需求多样化、个性化，以及数字化、智能化等新兴趋势加强，行业监管趋严等挑战，美妆企业需要不断创新、提升自身实力以应对市场变化并抓住发展机遇。

痛点场景

● 消费者需求多样化与个性化。随着消费者对美妆产品的需求越来越多样化、个性化，企业需要不断研发新产品、调整产品线以满足市场需求。这要求企业有强大的研发能力和敏锐的市场洞察力，能够及时捕捉到消费者的需求变化。

- 数字化与智能化转型。数字化和智能化是美妆行业的重要趋势，但许多企业在转型过程中面临技术、人才、资金等方面的挑战。如何有效运用大数据、人工智能等技术优化供应链管理、提升生产效率、改善消费者体验，成为企业需要解决的难题。
- 跨境电商与社交电商的冲击。跨境电商和社交电商等新兴渠道的崛起，给传统美妆企业的销售渠道带来了冲击。企业需要调整市场策略，加强品牌建设，以应对新兴渠道的挑战。
- 行业监管趋严。随着国家对化妆品行业的监管力度不断加强，品质安全成为行业的焦点问题。企业需要严格遵守相关法律法规，投入大量精力进行产品测试和审批，确保产品的质量和安全。

 ## 关键挑战

- 创新能力的挑战。美妆产品的研发需要大量的投入和专业知识，而且创新周期较长。如何在有限的资源和时间内实现产品创新，是企业面临的关键挑战之一。
- 品牌建设的挑战。在竞争激烈的市场环境中，如何建立知名度和美誉度，提升品牌影响力，是企业需要解决的重要问题。
- 渠道拓展的挑战。随着新兴渠道的崛起，企业需要调整市场策略，拓展新的销售渠道。然而，如何在新兴渠道中脱颖而出，吸引消费者的关注，成为企业需要面对的挑战。
- 成本控制的挑战。美妆行业的利润空间较大，但企业在拓展市场、研发新产品等方面需要投入大量资金。如何在保证产品质量和品牌形象的前提下，有效控制成本，成为企业需要解决的关键问题。

▶ 案例故事 ◀

创新驱动的用户主义

美妆博主的初心——企业如何快速破局

美丽修行App是一款以化妆品产品和成分数据为基础，结合独特算法和用户点评，帮助用户针对护肤需求获得护肤解决方案，进行购买化妆品决策的产品。同时它针对不同肤质严选品牌好物，推出特色中小样试用业务——美修盒，致力于降低用户的决策成本。它承载着美丽修行App对于美的见解——用智慧和经验去修行美丽。无论是护肤小白，还是成分大神，都能在美丽修行App上满足其需求。方便快捷地解决用户的皮肤问题是美丽修行App的初心，无论是功能价值还是情绪价值，它都能够让用户有很深刻的感知。

2021年开始，用户的购买习惯发生了变化，大家都纷纷从线下的购买渠道转变为线上的购买渠道。那么用户的痛点也非常明显，网络渠道对各种化妆品成分的质疑及担心，也是美丽修行创始人易鸥的痛点。所以那时候她就率先去豆瓣网，成为一个美妆博主，由于大家都开始关注化妆品成分，且这时候易鸥发现在她的帖子下面关于化妆品成分的讨论话题越来越多。也正是因为此，她就萌生了一个念想：如果我可以帮助用户直观地知道这些化妆品的成分，那么就可以真正帮助那些不同肤质的人找到适合自己的化妆品。美丽修行的创始人思考良久，她想帮助更多的爱美人士更加健康安全地买到放心的产品，因此她想做一个成分鉴定的第三方平台，这样既可以让消费者受益，也可以让品牌方规范化妆品成分并保障其安全，就这样美丽修行App诞生了。

目前美丽修行App已经能承载大部分用户的需求，但其创始团队依然觉得不能局限于此。达人专栏、用户分享、社区建设、产品/成分的搜索与解读……要持续深耕用户真正的变美需求。为了更全面地照顾不同类型的用户的喜好与需要，未来美丽修行App也将更快更稳地成长。

美丽修行的使命：科学引领所有的美；愿景：成为最具公信力的消费决策平

台；企业价值观：消费者利益至上，始于热爱，终于坚持；高效专注，使命。美丽修行隶属于武汉美之修行信息科技有限公司，成立于2015年，以化妆品产品和成分数据为基础，结合AI算法及用户数据，为用户的肌肤需求提供解决方案，实现涵盖美丽修行App、美修盒、BEBD大数据、线下消费者体验中心等业务矩阵。美丽修行App提供护肤解决方案及化妆品购买决策，已经推出iOS版和Android版2个版本。2020年，美丽修行App拥有的用户超过3000万个。

 ## 一路走来的心路历程——企业进入快速成长期

- 2015年，美丽修行成立；
- 2016年，同步药监局30万份化妆品成分数据，美丽修行App 1.0上线；
- 2017年，启动广告、数据等商业化合作，和多家知名集团达成深度战略合作；
- 2018年，收录化妆品200万+种，App用户突破1000万人，iOS榜美妆类名列前茅；
- 2021年，"互联网+实验科学"，构筑产业互联网壁垒，美丽修行上海消费者体验中心落成，开放平台上线；
- 2022年，活跃用户超3000万人；
- 2023年9月，与婴童化妆品创研企业那比昂宣布成立"婴童化妆品评测标准委员会"；
- 2023年9月，携科研成果亮相第33届IFSCC大会；
- 2023年11月，宣布将在2024年免费开放BEBD数据库。

据美丽修行CEO易鸥介绍，美丽修行App早期的点评，大多为高阶专业用户所写，不乏言辞犀利者，因此真实性相对较高。比如某用户对某洗面奶的吐槽，包括"洗完有点紧绷""容易假滑""可能会爆痘烂脸"等负面评价，并明确写出不会回购、不推荐。

目前，美丽修行App在二、三、四线城市的用户增长率已经超过一线城市，这意味着有更多下沉用户拥有了这一护肤"武器"。不同之处在于，一线城市用户大部分为成分党，下沉市场用户更习惯看点评找答案，比如"如何科学祛痘""敏感肌在春天应该注意什么""××款产品真实效果如何"，等等。

　　易鸥希望，不管一个用户有什么样的肌肤问题，是成分党还是伸手党，是在北京、上海还是在东北小县城，都能在美丽修行App上找到想要的答案。

抓住科技红利趋势——企业进入高速发展期

　　目前美丽修行App的变现途径主要包括营销业务、数据分析服务、中小样体验盒（根据不同肌肤定制的中小样方案盒）三大块。

　　其中，ToB营销业务是美丽修行App的重要收入来源。目前，美丽修行App已经与部分全球500强原料方和化妆品品牌方建立了深度的战略合作关系，也在2018年实现了收支平衡甚至微利。

　　数据分析的基础是庞大的数据库，美丽修行App的独特之处是，其产品的结构化数据。简而言之，每一个用户的真实点评，都链接在产品的结构化数据下面，一切数据从产品的维度出发，而不是从单一产品到单一用户的点对点式推荐。

　　基于数据，用户也能在美丽修行App上找到一条完整的决策链路。美丽修行App匹配引自全球皮肤科医生认可的16种肤质，基于这16种肤质类型，用户能找到自己肤质的特性、自己需求的产品类型、产品的基础数据、其他用户的点评等，完成科学决策。

　　2020年，美丽修行App还与旷视合作，上线了"拍照测肤"功能。背后的运行支撑是旷视的"人脸稠密关键点识别和色彩融合"AI 算法，可基于"面部特征和皮肤分析"，实现 AI 智能肤质分析。在易鸥的规划中，美丽修行App的最终形态会和Keep、大众点评类似，围绕"美"这个价值中心，覆盖所有对"美"有需求的人群，收录所有和"美"相关的产品，然后帮用户做出正确的消费决策。"不管未来定位如何变化，总不会脱离让用户变美的大逻辑。"易鸥坚定地表示。

　　关于个人，她坦言："我好像没有一个明确的40岁人生目标，只是偶尔会产生'这么快就40岁了'的恍惚感。创业的每一天我都面临各种不确定性，这本身就会给我带来焦虑，但我热爱自己的事业，所以我会一直做下去，做到退休为止，一生能专注于做好一件事我就很满足了。"

　　关于团队，她希望2022年整个公司能更成熟，培养更多优秀的中层管理者，有更多专业的人做专业的事，更有能力面对不确定性。这样自己也能多一些时间从公司繁复的具体事务中抽离出来，进行自我提升，比如上商学院的课程等。"谁都不想老，谁都想青春永驻，但人没法对抗自然规律，只能顺应。"易鸥说，"热爱自己所做的事，或许是对抗年龄焦虑最好的方式之一。"身为女性创业者，她觉得自己很幸运。

▶ 混沌教练说 ◀

企业从 0 到 1 的商业模式探索，找到最小切口是关键

在当今竞争激烈的商业环境中，企业如何从0到1成功实现商业模式闭环，是每一个企业家都需要深思的问题。在这个过程中，找到最小的切口，即最关键的起点或突破点，对于企业来说至关重要。以下是我为各位企业家提供的四条关键建议，希望能为你们的创业之路提供一些启示。

深入洞察市场，精准定位需求

商业模式闭环的实现，首先要从市场需求出发。企业家需要深入了解目标市场的现状、发展趋势以及客户的真实需求。通过市场调研和数据分析，找到市场的痛点和空白，并据此定位企业的产品或服务。这种精准的市场定位，有助于企业在激烈的竞争中找到自身的立足之地，并快速吸引目标客户群体。

在这个过程中，企业家需要保持敏锐的洞察力和判断力，不断关注市场变化，及时调整战略方向。同时，企业也需要建立有效的市场反馈机制，收集客户的意见和建议，不断优化产品和服务，以满足市场需求。

聚焦核心业务，打造独特优势

在确定了市场定位后，企业需要聚焦核心业务，打造独特的竞争优势。这里的核心业务指的是企业最擅长、最具有竞争力的业务领域。企业家需要深入分析自身的资源和能力，找到最适合自己的业务领域，并投入足够的资源和精力进行深耕。

在打造独特的竞争优势的过程中，企业需要注重创新，不断引入新技术、新思维和新模式，提升产品和服务的核心竞争力。同时，企业也需要关注竞争对手的动态，学习并借鉴其成功经验，避免走弯路。

优化运营流程，实现快速迭代

商业模式闭环的实现，需要企业具备高效的运营能力和快速的迭代能力。企业家需要优化企业的运营流程，降低运营成本，提高运营效率。这包括精简组织结构、优化人员配置、提高生产效率等方面。

同时，企业也需要具备快速迭代的能力。在商业模式初步构建完成后，企业需要不断试错、优化和改进，以应对市场变化和客户需求的变化。这种快速迭代的能力，有助于企业及时发现并解决问题，不断提升商业模式的竞争力和适应性。

构建生态系统，拓展合作网络

商业模式闭环的实现，还需要企业构建生态系统，拓展合作网络。这里的生态系统指的是企业与供应商、客户、合作伙伴等利益相关者之间的紧密联系和互动关系。企业家需要积极寻求与各方利益相关者的合作机会，建立长期稳定的合作关系。

通过构建生态系统，企业可以获取更多的资源和支持，加速商业模式的构建和落地。同时，企业也可以借助合作伙伴的力量，共同应对市场挑战和风险。这种合作共赢的方式，有助于企业实现商业模式的闭环和可持续发展。

总之，企业从0到1实现商业模式的闭环需要企业家具备深入洞察市场、聚焦核心业务、优化运营流程和构建生态系统的能力。通过不断实践和优化这些关键策略，企业可以在竞争激烈的市场中脱颖而出，实现商业模式的闭环和可持续发展。

如何找准入局机会点，实现差异化竞争？如何单点破局？以0投放实现4000万人的用户增长？面对公司发展方向的岔路口，团队意见不一致怎么办？

那么美丽修行究竟是如何做错位竞争的呢？首先它看准了两个趋势：第一个是来自中华皮肤科医师协会上万人的调研数据，数据显示，近80%的用户买到过不合适的护肤品。中国台湾有个网站CosDNA可以查到化妆品成分，用户自发上传，有一套东西把它解读出来。2015年该网站的日均独立IP访问量大概在6万人，但当时大陆没有这样的网站，美丽修行创始团队当时推算，大陆对化妆品成分感兴趣的人可能有200万人。随着中国化妆品行业的新规到来，2015年美丽修行创始人就看到了这样的趋势。第二个趋势，消费不交智商税，这是很典型的Z世代消费者特征。Z世代消费者喜欢看真实的内容，喜欢追根究底，不轻易被忽悠。2015年，KOL逐渐崛起，但最早那代KOL都是随便做点内容，没有形成产业和规模，也不太会变现。

1. 他们的竞品在做什么？

2015年移动互联网还有一点红利，最早一波的App占据了一席之地。开始有一些垂直领域的App冒出来，有美啦美妆、抹茶美妆、美狸美妆、闺蜜网等。韩国iOS榜上，美妆品类长期打榜第一的"化解"也是一个查化妆品成分的App。

现在，美丽修行App在国内的竞品基本上都不存在了。有些转型做MCN，有些直接关闭了。这些竞品当时基本上走两条路线：一条学日本的cosme，想做美妆行业的大众点评，比如杭州的美妆心得；另一条都想走视频路线，那时短视频App还处于红利期。美啦美妆想做美妆生活的社区。由此可以看出，它们的竞争是同质化的，都在做内容，都想做社区，都想做平台。

现在回过头看，小红书在当时已有崛起倾向。它把内容社区做起来后，就成为互联网平台的头部企业，业务占据整个市场的大部分份额，其他同类App的生存就变得非常难。

2. 企业如何找到最小切入口？

结合当时的用户环境、需求以及KOL发展的趋势，加上药监局在推行新规，有了这样的数据源，再看到竞品都在做社区平台的内容，所以美丽修行选择了化妆品成分这个切入口。

当时，美丽修行在大陆没有同类，中国台湾也只有PC网站，所以它就从移动端的公众号H5内容开始，慢慢成为查成分的App。

结合市场上各行业的发展现状，众多行业已形成大型决策入口，如图2-1所示。化妆品行业消费决策的入口在哪里呢？

那么对于化妆品行业来说，用户要迅速决策的依据到底是什么？对于很多根本就不关心化妆品成分的用户来说，品牌才是他们最关心的，尤其是国外的大品牌，因为有品牌效应。但是很少有用户去研究化妆品的成分，而这恰恰是一个空白市场。如果美丽修行可以降低用户的决策难度，建立一个客观、公正的评价体系，就可以让用户用得更加放心、省心，而不用深度依赖之前的强品牌这一路径，这也是美丽修行的初心所在。

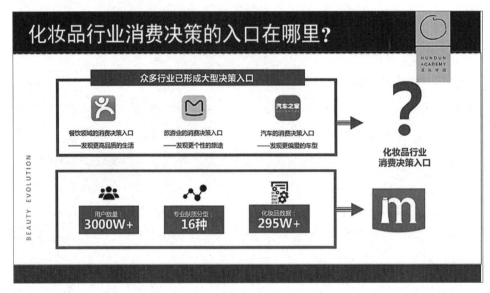

图 2-1　众多行业已形成大型决策入口

美丽修行到底是在哪个点上破局的？结论是，他们建立了一个全新的化妆品评价体系。一种化妆品的成分有人喜欢，也有人不喜欢，他们尝试建立一套更加客观的产品评价体系。他们推广App，其实就是在推广一个评价体系。

客观的产品评价体系怎样组成？美丽修行花了很大精力让用户看懂化妆品的成分。他们有了最全的商品库，还需要有更真实的用户评价，这样才会形成一个点评的生态。一方面，他们做成分解读的工具，用底层结构化数据将其做成让用户可读的页面；另一方面，与用户形成的真实点评生态结合，方便用户查询；同时也要做KOL内容，他们要给用户"扒"产品。

在市场发生变化时，美丽修行又重新审视了自己的供需变化，形成了新的破局点，持续地借助单点破局的方式让自己持续盈利。

美丽修行的单点破局：产品评价体系之成分解读如图2-2所示。

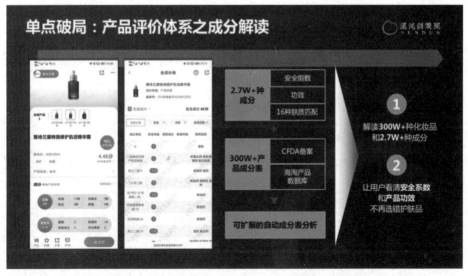

图 2-2　美丽修行的单点破局：产品评价体系之成分解读

启发思考题

1. **分析一下，当外部环境发生变化后，如何能够更好地洞察用户需求？用户画像发生了什么本质变化？年龄、地域等是否有明显变化？**

① 列举出这些用户的特征，分析他们目前存在的共性痛点是什么。

② 用户在新的时代变化环境下，最希望被解决的是什么需求？

2. **思考一下，当新技术来临，企业该如何看待它的到来？新技术是否会给化妆品行业带来十倍速的变化？**

① 企业拥抱新技术的关键决策点是什么？如果在企业内部开展新技术的应用，首先遭到反对的场景会有哪些？当反对的声音高于赞同的声音时，企业该如何顺利引入新技术？

② 如何分析新技术给行业带来的变化？可以从哪几个方面来评估？

3. **展开分析一下，企业获客方式在今天都有哪些新的变化？哪些已经成为一个大趋势？如何构建企业持续获客的有效方式？**

① 列举化妆品行业获客的方式，请展开分析这些方式的优势与劣势，以及潜在的风险。

② 请结合当下全球经济环境及宏观市场情况，展开分析未来5~10年企业获客方式的趋势。

03

第三章 【时代命题】中国制造如何出海，在当地市场拥有自己的姓名

案例教练： 章小初——混沌创商院创新教练

访谈对象： 锐轩——ZENGAZ创始人、混沌创商院16期校友

关 键 词： 中国制造、出海、品牌、DTC、错位竞争、组合创新

▶ 痛点场景和关键挑战 ◀

在复杂多元、竞争激烈的全球化时代，随着中国经济的高质量发展进程加快，从中国制造向中国品牌升级已经成为企业发展的趋势之一。从国内市场转战海外市场，从幕后的代工制造走向台前的品牌建设，出海企业必须在挑战中谋求生机。

痛点场景

- 不同国家和地区的文化背景、消费习惯、价值观念、市场发展阶段、市场准入门槛都有所不同，出海企业选好海外市场的首要战场至关重要，而了解和掌握多元复杂的海外环境不仅难度大，而且途径有限。
- 长期以来，中国制造在全球市场上存在固有产品品质形象和复制生产的刻板印象，中国企业在海外建设自有品牌时，需要改变消费者的固有认知，重塑品牌认知。
- 在有些国家和地区复制中国模式能够获得成功，但在有些国家和地区中国模式又会失效，商业模式的多元化挑战带来了管理困境、经营困境。
- 中国企业在国际市场面临的竞争更激烈，且更为成熟，即使借助优势快速占据了一席之地，也会面临产品持续创新、供应链的稳定、人才文化的融合、知识产权法律等方面的风险，任何一个方面出现问题，品牌都无法持续产生影响力。

关键挑战

- 如何选择出海的目标市场？如何在出海的第一站快速占据一席之地？
- 面向海外市场，如何建立中国品牌与海外客户的信任关系？
- 如何正确发挥中国企业的优势和核心竞争力，并实现效果最大化，赋能中国企业出海品牌建设，形成护城河效应？
- 如何在激烈的海外市场形成独特的品牌价值，并持续迭代创新？

▶ 案例故事 ◀

潮玩打火机海外"独角兽"的成长记

ZENGAZ用十几年的时间，业务辐射全球六大洲70余个国家和地区，成功从打火机代工龙头企业转型成为海外潮玩打火机"独角兽"品牌。

转型：从代工到自有品牌，是被动求生，也是主动求变

20世纪90年代末，温州的国产打火机生产企业数量一度超过3000家，中国的广东、湖南、浙江三大传统生产基地生产的打火机产品占据了全球打火机产品的主要市场份额。直至2009年，中国仍然是全球打火机的最大生产和出口国，占全球市场份额的45%，远超欧盟（9%）和美国（5%）。

ZENGAZ创始人锐轩亲眼见证了中国经济的飞速发展，特别是制造业的剧烈变革。ZENGAZ的第一个发展阶段（1998—2010年）和中国的众多制造业企业一样，乘着中国制造的东风，利用廉价人工成本优势，聚焦OEM（白牌代工、贴牌生产），积累了对产品设计的理解和对生产供应链的管理能力。

知识点解析：OEM与ODM

OEM即原始设备制造商（Original Equipment Manufacturer），也称白牌代工或贴牌生产。这个术语通常用来描述一种生产安排，其中一家公司生产零件或设备，这些零件或设备随后被另一家公司采购，并用于后者的最终产品。通常，购买OEM零件的公司会在其最终产品中使用这些零件，但在市场上以自己的品牌名

义销售。这种安排使得品牌公司可以专注于产品设计和品牌建设，而将制造过程外包给其他专业制造商。

ODM即原始设计制造商（Original Design Manufacturer），也称委托设计与制造。这个术语用来描述一种生产安排，其中一家ODM公司不仅负责制造产品，还负责设计产品。在这种情况下，ODM公司通常会为其他公司（通常是知名品牌）生产产品，而这些产品则以购买公司的品牌名义在市场上销售。这允许品牌公司专注于市场营销和品牌推广，而不必投入过多资源于产品的研发和制造过程。

10多年来，原材料等相关材料的成本年年上涨，频创新高，使得打火机产品的成本大幅度提高。除原辅材料外，人工成本也节节攀升，人工成本占据企业成本的50%。这使得劳动密集型的传统打火机企业的利润空间越来越小，有些企业利润率仅2%～3%，微利求存。

ZENGAZ也长期陷入与同行的激烈价格战和产品同质化竞争，导致客户流失和利润下滑，如何保持产品的高性价比和竞争力是ZENGAZ的核心痛点。

这不仅仅是一个企业的困境，更是历史给中国制造的时代命题。

1. 价值空间受限

在消费品行业中，尤其是打火机行业，ZENGAZ位于产业链的中下游环节，主要专注于加工和设计。根据微笑曲线理论，产业链中下游的企业往往在价值创造上受限，这导致ZENGAZ在传统打火机业务上面临同质化竞争和市场饱和的挑战。这种局面使得传统打火机业务的利润空间受到严重挤压，仅依靠价格战已难以保持竞争优势。

知识点解析：微笑曲线（Smiling Curve）理论

微笑曲线理论最初由宏碁集团的创始人施振荣于1992年提出，用于描述在全球化和技术创新背景下，特定行业或公司价值链中不同环节的附加值分布情况。

微笑曲线的形状象征着在产业链的两端（研发端和营销端）的附加值相对较高，而中间环节（如制造和组装）的附加值相对较低，如图3-1所示。换句话说，曲线的两端上扬代表较高的利润和附加值，中间下沉部分则代表较低的利润和附加值。

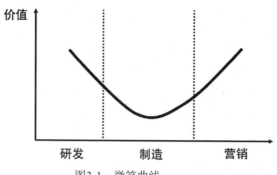

图3-1　微笑曲线

这个概念在经济全球化的背景下尤为突出，因为众多企业将制造环节外包到人工成本较低的国家和地区，而将研发设计和市场营销等创造更高价值的环节保留在本土或发达国家。微笑曲线揭示了价值链中不同环节的战略重要性，以及企业如何通过专注于高附加值活动来提高竞争力和盈利能力。

2. 市场需求的转变

随着新型电子烟等替代品的出现和消费者需求的演变，传统打火机市场的需求出现下滑。现代消费者的需求不再局限于产品的基本功能，他们更加重视品牌文化、创意设计和个性化体验，这要求ZENGAZ进行产品和市场策略的调整。

3. 出海的必然选择

国内产能已然溢出，走向海外市场是必然的选择之一。

面对这些挑战，ZENGAZ不得不正视并接受转型的现实。

ZENGAZ的理念是"始终做一些与众不同的事，打造与众不同的打火机"。

在转型的初期阶段，ZENGAZ需要探索新的业务领域和市场机会。这可能涉及技术创新、产品多样化、市场定位的重新调整，以及与新兴趋势（如社交化潮玩）的结合。

2010年，锐轩正式创立了自有品牌ZENGAZ，为亲身驾船出海吹起号角。在探索新的战略切入点方面，ZENGAZ站在更广阔的视角来审视行业背景，以寻找新的发展机会和战略。

首先，"睁眼看世界，有机会"。当时美国ZIPPO、法国BIC、西班牙CLIPPER、日本TOKAI等国外打火机品牌都在国际市场上较为知名，中国自有品牌依旧未曾在国际市场上占据一席之地。

其次，拆解客户分类，看到新生代客户。年轻一代消费者的审美和消费习惯正在不断演变，ZENGAZ可以通过调整产品设计和营销策略来迎合市场的变化。

最后，跳出同质化的泥沼，焦点从功能到情感，全部考虑进去。不仅要关注产品的功能需求，还需要注重品牌文化、创意设计和个性化体验。

ZENGAZ面临的挑战是如何在保持当前业绩的同时，开拓新的增长点和维持竞争优势，这是ZENGAZ的困境也是制造业的普遍问题。

所以，在品牌创始阶段，ZENGAZ继续用OEM时期的强大供应链管理能力，打出同样的产品优势——性价比。

扎根：高峰下的隐忧，海外市场本地化转型

到2016年，依靠性价比优势，ZENGAZ的年全球出货量达到了历史高点，此时的ZENGAZ似乎已经成功出海上岸，有成为全球打火机行业隐形冠军的势头。而ZENGAZ敏锐地察觉到，挑战和潜在威胁正悄然逼近。

国内市场的经验告诉它，打火机产品缺少技术、渠道、资金壁垒，竞争者随时可以复制自己，业绩增速越快，越容易让竞争者看到复制的机会。这一次，ZENGAZ的对手都是欧美本土品牌，像ZIPPO这些品牌的号召力和在当地的资源优势，不可能一夜之间被抹平。

ZENGAZ出海首战告捷后，如何乘胜追击，在海外扎根才是更大的挑战。

1. 关注被"忽视"的年轻消费群体，聚焦潮玩市场

ZENGAZ对ZIPPO、CLIPPER、BIC、EAGLE等知名品牌和其他行业相关供应商等竞争者做了消费需求的详细分析。分析对象不再局限于传统的吸烟群体，而是扩展到更广泛的消费群体，最终聚焦在对情绪价值和个性化体验有更高要求的年轻消费群体身上。这一群体不仅仅关注打火机的功能性，更看重打火机在情感和潮流文化方面的价值。

通过错位竞争战略，ZENGAZ成功地区分了自己的市场定位，避免了与主流品牌的直接竞争，找到了属于自己的市场细分领域。ZENGAZ意识到，除传统的吸烟群体和中高收入群体外，还存在一个特殊的年轻消费群体，这些消费群体将打火机视为表达个性和情感的潮玩物品。

全新的ZENGAZ打火机对于这个年轻消费群体来说，是一款具有精神治愈功效的手边潮玩物品，无论消费者的情绪是悲伤、喜悦的，还是孤独、兴奋的等，ZENGAZ都懂，拥有ZENGAZ打火机就拥有如影随形的陪伴。

2. 基于需求和技术的产品创新

在产品创新方面，ZENGAZ不断进行技术和设计的创新，将功能型打火机转变为具有独特设计和高技术含量的潮玩打火机，如图3-2所示。其产品设计不仅仅局限于满足基本的点火需求，还包括了符合年轻消费群体审美和情感需求的元素，如独特的艺术作品和个性化的设计。此外，ZENGAZ还积极探索新技术的应用，如UV打印技术，以提升产品的独特性和吸引力。这不仅满足了年轻消费群体在打火机功能上的需求，更赋予了打火机更深层次的情感和文化价值，赢得了年轻消费群体的喜爱和忠诚。

图 3-2　具有独特设计和高技术含量的潮玩打火机（ZENGAZ 官网宣传页面）

知识点解析：UV打印技术

UV打印技术全称为紫外光固化打印技术，是一种现代印刷技术，其主要特点是，通过紫外光的照射来快速干燥和固化油墨。这种技术具有以下几个关键内涵和优势。

快速固化：UV打印技术中的油墨在紫外光的照射下可以迅速从液态转变为固态，这个过程几乎是瞬间完成的。这意味着印刷作品可以立即处理和使用，大大提高了生产效率。

高质量成像：由于油墨被快速固化，它几乎不会渗透或扩散到印刷材料上，这样可以保证印刷图像的清晰度和精度，使得图像更加鲜明和细腻。

适用于多种材料：UV打印技术可以用于多种类型的印刷基材，包括塑料、金属、纸张、玻璃等，这一点是传统水基或油基墨水所不能比的。

环保和耐用：UV油墨不含挥发性有机化合物，因此更环保。同时，用UV打印技术打印出来的图像耐水、耐晒、耐磨损。

3. 扎根年轻消费群体，打造高品质"酷品"

ZENGAZ将消费群体聚焦在Y世代和Z世代：Y世代（千禧一代）是"我，我，我"的一代，是享受生活方式的群体；而Z世代（数字一代）是智能一族，是数码原住民，是个性化表达的群体。他们过着忙碌的生活，喜欢经常尽兴聚会、全身心努力工作、尽情享受生活。他们与社交媒体联系在一起，每天被成千上万的信息和图片轰炸。终有一天，这些将让他们筋疲力尽，而ZENGAZ打火机则给他们带来"火""温暖""美好时光"。

知识点解析：Z世代和Y世代

Z世代：数字一代（18~22岁）

Z世代是未来市场的驱动力，他们是移动数码一族，他们从来没有经历过没有数字技术、智能手机和社交媒体的生活。Z世代消费者是企业未来需要抓住和培养的主要目标受众，他们期望个性化和连接感。以独特的方式让自己与众不同。

Y世代：千禧一代（22~35岁）

被称为"我，我，我"的一代，他们敞开胸怀，寻找更灵活的工作时间，以享受他们的独处时间。总的来说，他们享受健康、活跃的生活方式，并一直在寻找改善"我"的生活方式的方法。

"我们希望我们的客户认为，ZENGAZ打火机是一个需要随身携带的酷品，而不仅仅是一个打火机。点燃ZENGAZ，它将赋予高能、防风、可靠、时髦、酷趣，且永不枯竭的正能量。"ZENGAZ创始人锐轩如是说。

ZENGAZ根据消费者的品位，呈现一个庞大的、不断更新的、引人注目的设计图库，上市销售套装包含120多个主题系列，提供图案设计1500多款，如图3-3所示。

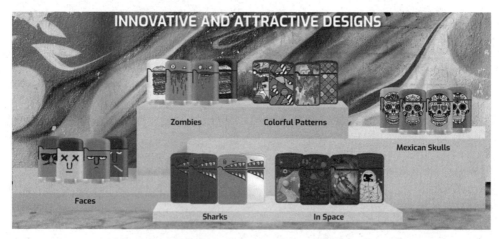

图 3-3　不断更新的、引人注目的潮玩打火机（ZENGAZ 官网宣传页面）

ZENGAZ还建立了中国第一家蓝焰打火机工厂，应用技术最先进的生产线和优质生产设备保障其产品安全性。

ZENGAZ的一支打火机在终端售价为25～28元，完全超出现有渠道15元的价格天花板，让中国打火机摆脱了中国制造"Cheap China"（廉价产品）的刻板印象。

扩张：持续扩展全球版图，商业模式进阶

早在2016年，锐轩就意识到，中国作为全球打火机行业的第一大消费市场，对于其市场的持续增长具有关键性作用，于是他成立了大中华市场项目组探索进

入中国市场的可行性。到2018年年底，ZENGAZ的产品已经覆盖中国市场的100多个城市和地区，并与80多家优质经销商建立了合作关系，拥有超过20 000家中高端连锁便利店和其他终端网点，取得了卓越的销售成绩。

2018年11月，ZENGAZ成功进驻阿里巴巴国际站，开始了在电子商务平台上的全球化布局。

不仅如此，锐轩还将目光投向了LEVANT地区（包括叙利亚、黎巴嫩、约旦、以色列、巴勒斯坦）和海湾阿拉伯国家合作委员会（包括沙特阿拉伯、科威特、阿拉伯联合酋长国、卡塔尔、阿曼苏丹王国、巴林王国、也门共和国7国）的市场，2018年12月，ZENGAZ拓展到南美洲市场（以巴西为主），进一步扩大其国际业务的影响力。

这一系列的战略布局和积极的市场拓展，不仅巩固了ZENGAZ在中国市场的地位，而且标志着其全球化战略布局的初步完成，业务成功覆盖全球六大洲70余个国家和地区。

"燃出彩，不停歇"（Never Burn Out）是ZENGAZ的品牌故事，是ZENGAZ的价值立场，也是ZENGAZ想与受众沟通的，ZENGAZ希望拥有这个标签，并用这个标签来启动ZENGAZ与客户之间所有的沟通，无论是线上还是线下。

ZENGAZ在第三发展阶段，成功地实现了从传统的S2B2C模式向B2D2C模式的转变。通过在渠道终端"交付吸睛、便捷、赋能的零售终端陈列解决方案"（见图3-4）等方式，实现了直接面向最终消费者的DTC模式的转变，在渠道创新上迈出了重要一步。

知识点解析：S2B2C模式、B2D2C模式、DTC模式

S2B2C模式即制造商到商业客户再到最终消费者（Sales to Business to Consumer）的销售模式。

S（Sales）阶段：制造商或供应商销售产品给商业客户，通常以批发价格。

B（Business）阶段：商业客户购买产品并将其重新销售给最终消费者，通常加价销售。

C（Consumer）阶段：最终消费者购买产品以个人使用。

这个模式需要各个阶段之间的协作，确保产品成功流通到最终消费者手中。

每个阶段都有自己的挑战和机会。

B2D2C模式即从品牌商到分销商再到最终消费者（Brand to Distributor to Consumer）的销售模式。

DTC模式即品牌直销（Direct-to-Consumer）的销售模式，它强调制造商或品牌直接将产品卖给最终消费者，跳过中间商。这个模式的要点包括：

- 直接销售给最终消费者。
- 提供个性化体验。
- 控制品牌形象和声誉。
- 利用数据来了解最终消费者。
- 通常提供有竞争力的价格。
- 通过内容营销和社交媒体来建立品牌。
- 可以更快地推出新产品。

DTC模式适应了数字时代的趋势，许多品牌采用这种模式以满足最终消费者的需求。

图 3-4　交付吸睛、便捷、赋能的零售终端陈列解决方案（ZENGAZ 官网宣传页面）

1. 线下渠道终端布局

ZENGAZ在全球建立了渠道体系，涉及快消品、烟草烟具、礼品潮玩、日用百货、运动用品、旅游文创等多个领域。在中国，ZENGAZ进入了罗森、全家、7-11、喜士多、十足等便利连锁店，还成功进驻潮玩连锁店The Green Party。ZENGAZ的零销终端陈列如图3-5所示。

图 3-5　ZENGAZ 的零售终端陈列

2. 在线上构建流量生态和直销拓展

从2019年开始，ZENGAZ在短视频和直播平台上实现全覆盖，结合明星、网红KOL和素人推广的模式，紧跟当下的网红营销趋势。在2021年和2022年投入大量资源，深度构建线上流量生态，包括内容制作、流量支持、系统培训、品牌绑定等多方面的努力。ZENGAZ还拥有包括生产基地、实体店、培训基地等在内的全方位品牌资源，这些资源未来还将与内容创作相结合，以进一步提升品牌影响力。

ZENGAZ建立了天猫、京东、拼多多、抖音、快手、小红书等多个线上平台渠道，既包括旗舰店，又涵盖官方直营店和官方授权经销店等不同销售模式。

3. 基于社交媒体的品牌社群

ZENGAZ在Instagram，Facebook，TikTok，LinkedIn，YouTube等多个社交媒体平台注册官方账号，通过直接与消费者互动来增加品牌曝光度和建立消费者关系，如图3-6所示。通过更新社交媒体内容、传播品牌故事、与消费者交流等方式，ZENGAZ在社交媒体上积极建立和维护与消费者的紧密联系。不断建设ZENGAZ社区，通过互动，保持ZENGAZ社区的连接、更新及其娱乐性。

图 3-6　ZENGAZ 的社交媒体品牌社群

ZENGAZ的品牌与渠道转型策略不仅提升了品牌在新兴市场的知名度，也使品牌能够更直接、更有效地与目标消费者进行互动和沟通，为打造令人印象深刻的品牌形象奠定了坚实的基础。

▶ 混沌教练说 ◀

出海大市场回归需求小切口，锁定独特价值，持续创新

在全球化市场竞争激烈，迭代发展如此之快的时代，创新是推动企业持续成长和突破的核心动力。本案例企业的全球品牌转型之旅，正是创新精神的一次精彩演绎。案例企业第一次转型从代工到做自有品牌，第二次转型从功能打火机到潮玩打火机，走出了从2B到2C，从同质化到差异化的创新之路。

案例企业两次成功的战略转型中有三个关键动作，可以给广大创新者在制定战略方向、品牌定位、构建品牌客户关系等方面提供借鉴：

战略上错位竞争，与其更好，不如不同。与其在供给市场内卷性价比，不如从需求侧出发，找到客户未被满足的新需求，或者未被发现的新客户，实施错位竞争战略，进入产品具备高适应性的新蓝海市场。

组合创新，旧要素，新组合。在市场高度同质化的情况下，不如重新拆解商业构成的基本要素，从需求出发重新组合供给、需求、连接，进行模式创新，内挖本土优势、外建客户信任，在海外市场形成独特优势。

利用第二曲线，识别业务生命周期，跨越发展的非连续性。案例企业成功从一个OEM企业转型为一个拥有自有品牌的潮玩打火机独角兽企业。这一过程不仅体现了该企业对市场变化的敏锐洞察，也展示了其在战略转型上的卓越能力。这就是第二曲线战略的价值。

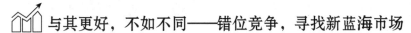 与其更好，不如不同——错位竞争，寻找新蓝海市场

成功出海不是靠复制粘贴就行，海外市场需求不同、市场规则不同、竞争环境不同，找到关键因素才能一招制胜。需求才是市场竞争中最本质的决定因素。案例企业正是通过对年轻消费群体需求的深入洞察，才发现了一个未被充分满足的市场空间，即年轻消费群体对个性化和情感价值的追求。这才将打火机重新定位为不仅仅是点火工具，更是具有社交和情感价值的潮玩产品，从而在竞争激烈的市场中找到了自己的独特位置。这是运用错位竞争战略成功地将品牌定位于一个新兴的蓝海市场的典型案例。

1. 错位竞争：从供给侧思维向需求侧思维转变

错位竞争是一种战略，它鼓励企业在现有市场的价值网络之外寻找或创造新的价值网络。这种战略的目的是避免与在位企业的正面竞争，转而在边缘市场中找到生存和成长的空间。错位竞争的本质是价值网络的错位，它要求企业从需求侧出发，探索新市场，而不是仅仅在供给侧思考如何在现有市场中竞争。

2. 案例中的错位竞争：一"错"到底

错位竞争不仅是消费群体的错位，更是整体战略的错位。案例企业的错位不仅体现在产品设计上，还体现在品牌传播和市场策略上。通过UV打印技术和社交媒体营销，案例企业成功吸引了Y世代和Z世代消费者的注意，这些消费者寻求的不仅仅是产品的功能，更是一种生活方式和个性表达。

错位竞争战略的成功始于对市场进行深入的消费者需求分析和需求拆解。企

业可以将需求拆解为指标、客群和任务三个关键维度，这不仅帮助企业深入了解市场的复杂性和多样性，还可以揭示潜在的市场机会。例如，案例企业在拆解需求时发现新兴的Y世代和Z世代消费者对情绪价值和社交价值有着独特的需求，而这些需求并未被市场关注和满足。

知识点解析：消费者需求分析和需求拆解

消费者需求分析和需求拆解是关键的市场调研工具，尤其对于像ZENGAZ这样的企业来说，这有助于企业深入了解市场和消费者，进而开展有效的业务战略。以下是对这两个概念的具体说明。

1）消费者需求分析

定义：消费者需求分析是一个系统的过程，用于识别和了解目标消费者群体的需求和期望。这个过程涉及收集和分析数据，以确定消费者的行为、偏好、动机和痛点。

方法：

• **市场调研**：通过问卷调查、面试、焦点小组等收集消费者意见。

• **数据分析**：利用市场数据和消费者行为数据来揭示潜在的消费趋势和偏好。

• **消费者反馈**：收集和分析现有消费者的反馈，包括产品评价、消费者互动等。

• **目的**：帮助企业了解市场需求，定位目标市场，制定或调整产品策略，以更好地满足消费者的需要。

2）需求拆解

定义：需求拆解是将复杂的市场需求分解为更小、更具体的元素的过程。这种方法有助于企业更深入地了解市场需求的各个方面，从而发现未被满足或过度满足的需求点。

步骤：

• **识别关键指标**：确定影响消费决策的关键因素，如价格、质量、便利性等。

• **分析客群**：将市场细分为不同的消费者群体，理解每个群体的独特需求。

• **定义任务**：明确产品或服务需要完成的具体任务或需要解决的问题。

• **应用**：需求拆解有助于企业在产品开发、市场定位和营销策略上更精准地对准目标市场，提供更具吸引力的产品或服务。

案例企业针对这部分独特且越来越旺盛的需求，对产品进行创新，定位品牌价值——打火机不仅仅是一个简单的点火工具，更是一种时尚潮流的配饰。在产品设计上，将传统的功能型打火机转变为集时尚、潮流于一体的新型产品，称之为"有点火功能的悦己配饰"和"千机千面"的潮玩打火机。

3. 错位竞争找到新蓝海

错位竞争战略不仅能准确识别并满足消费者的新需求，同时避免与在位企业的直接竞争，也为其提供了更大的利润空间和成长潜力。这不仅帮助企业找到了新的增长点，还促进了企业的创新和品牌差异化。案例企业就是通过错位竞争战略实现了品牌的战略转型，在海外开辟了新的市场空间，并成功地将自身定位为一个与年轻消费者价值观相契合的潮玩品牌，在海外市场形成了强有力的品牌形象和认知，如图3-7所示。

竞争对手		ZIPPO	CLIPPER / BIC	EAGLE	涉及Smoking用品的批发商	烟弹式雾化器（电子烟）	USB充电式打火机（杂牌）	赞
价值主张	客户是谁？	惯性中高收入人群（传统）	大众吸烟人群（刚需）	北美市场的批发商、零售商	批发、零售商	吸烟人群	中高收入人群	Smoking文化的年轻人
	待办任务	收藏、礼赠	点烟	大麻用具	点烟	戒烟、THC烟	点烟	点烟、配饰、悦己
	关注指标	彰显身份、炫酷、方便（购买）	实惠、便捷、优质、快	实惠、方便购买	实惠	口感多样、炫酷	科技感、炫酷、充电、线上购买方便	趣味服务
	做了什么？	金属质地、多样化图案、联名、故事内容丰富、专利画出、商标防伪、线上线下、品牌植入	品牌悠久、质量稳定、线下渠道覆盖面广、便携式打火机的鲜明标签	促进量、货源充足、线下覆盖面广	便宜、品种多	茶色多、口味多元、焦油含量低、烟雾大、部分产品含THC	繁复充电、外表科技感强、外形多样、颜色质地高级、线上供多多	
	机会重叠度（高中低）	低	中	较高	低	低	低	错位不充分，EAGLE有可能快速复制我
	错位模式（做不了、看不上）	看不上	暂时看不上	暂时做不了	做不了	做不了	做不了	

图 3-7　ZENGAZ 错位竞争市场分析

旧要素，新组合——供给、需求、连接创新组合，构建出海新优势

错位找到新蓝海市场只是面向市场，特别是面向竞争激烈的海外市场的第一步。要想真正形成出海业务的核心优势，就要以新需求价值主张为导向，对应、

匹配、满足新需求价值的供给和连接组合，持续反馈、迭代形成核心能力。案例企业的这种创新组合不仅涉及产品设计，还涉及品牌定位、营销策略和渠道管理，形成了一种全新的品牌体验，满足了年轻消费者对高颜值、个性化和社交化产品的需求。

1. 什么是组合创新

组合式创新是一种将现有产品、技术、市场、资本和组织等经济要素进行重新组合的创新方式。它基于系统论，认为总体大于部分之和，强调组合方式的重要性。组合创新的基本步骤包括领域定义、拆分基本要素、重新组合，并以客户或效率为中心进行创新。

2. 案例中的组合创新

1）需求（"一"——新价值主张）

年轻消费者对情感价值和个性化体验的需求，将打火机转变为社交和情感连接的潮玩产品，创造了新的市场空间。

2）供给（产品与品牌升级）

在供给侧，通过独特的高颜值、个性化蓝焰打火机产品与面向Z世代和Y世代的品牌升级打造全新的产品与服务。

- 建立中国第一家蓝焰打火机工厂，确保了产品的质量和安全性。
- 产品设计融合了艺术作品和个性化元素，成为个性化表达和情感寄托的载体。
- 通过UV打印技术，推出了高颜值、个性化的打火机产品，满足了Z世代和Y世代对时尚和个性化的追求。
- 不断优化产品线，推出了120多个主题系列和1500多种图案设计，满足了消费者对多样性和个性化的追求。
- 通过合理的价格策略和渠道管理，确保产品在市场上的竞争力，并提高分销渠道的积极性。

- 在品牌传播方面，通过社交媒体和线上平台与消费者互动，强化了品牌的时尚感和潮流地位。
- 品牌不仅仅是在卖产品，更是在讲述一种生活方式，与消费者建立情感上的联系。

3）连接（社交化、DTC模式）

品牌的渠道模式从传统的S2B2C转型为B2D2C，并实现了直接面向消费者的DTC模式，通过线上平台和社交媒体与消费者建立直接联系，增强了品牌的社交价值和情感连接。这一战略转变不仅提升了品牌的市场渗透率，也为消费者提供了更加个性化和便捷的购物体验。

线下渠道覆盖全球70多个国家和地区，线上渠道包括电商平台和社交媒体平台，实现了与消费者的直接互动，让消费者参与到产品和技术创新的过程中。

产品在零售市场上具有极佳的可视性，成为吸引消费者注意力和引导购买行为的关键。

ZENGAZ的组合创新分析如图3-8所示。

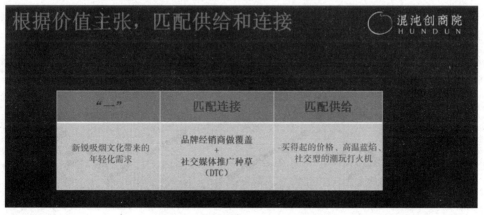

图 3-8　ZENGAZ 的组合创新分析

案例企业的组合创新成功地将品牌价值主张转化为具体的产品和市场策略，通过产品创新、品牌定位和渠道管理的有机结合，实现了错位竞争战略的落地。

组合创新的特点在于，它不仅仅是单一要素的创新，更是一个系统性的创新组合，能够为企业提供持续的竞争优势，并在激烈的市场竞争中找到新的增长点。

识别业务生命周期，跨越发展的非连续性挑战，把握出海的最佳时机

从中国制造到中国品牌，这是两种业务模式，不同业务模式都有其自身发展的生命周期。历经三十年的发展，中国传统制造业务已经进入极限点，面临转型与变革，大量传统制造企业被迫转型。但是这个阶段的企业不仅面临传统业务的经营下滑压力，同时承担着创新业务的高试错成本，往往以失败告终。

案例企业恰恰处在传统制造业务进入拐点状态，传统业务虽然增长缓慢，但也给新业务发展留足了时间，最终成功从一个OEM企业转型为一个拥有自有品牌的潮玩打火机独角兽企业。这一过程不仅体现了案例企业对市场变化的敏锐洞察，也展示了其在战略转型上的卓越能力。这就是第二曲线战略的价值。

1. 什么是第二曲线

第二曲线理论由管理学家查尔斯·汉迪提出，该理论描述了企业或组织在面临增长停滞或衰退时，通过创新和转型寻求新的增长点的过程。这一理论认为，任何业务或产品都会经历从增长到衰退的生命周期，而成功的企业会在第一曲线达到顶点之前，就开始探索和发展第二曲线，以实现持续增长。

2. 案例企业的持续战略转型

案例企业的发展历程可以清晰地划分为三个阶段，两次转型都体现了第二曲线理论。

- 白牌代工传统打火机阶段（1998—2010年）：起步阶段，专注于传统打火机的生产和设计，采用OEM和ODM模式，依托传统贸易模式实现初期增长。
- 功能型打火机品牌阶段（2010—2016年）：在传统贸易模式下，业务仍在增长，但利润明显下降的阶段，案例企业精准识别到原有业务即将进入变革期，开始布局业务转型——从白牌代工企业转变为功能型打火机品牌商。通过创新策略和MVP模型，案例企业成功打入蓝焰打火机市场，填补了市场空白，完成了从外贸、制造到自有品牌的转型。

- 社交型潮玩打火机品牌阶段（2016年—至今）：在功能型打火机品牌高速发展的创新高峰期，案例企业看到新兴市场被快速放大，意识到竞争对手的快速复制将迅速缩短自身业务的增长期。因此案例企业实施品牌升级策略，转型为社交型潮玩打火机品牌，利用UV打印技术和社交媒体营销策略，针对新兴市场需求，创造独特的市场空间，实现新业务曲线的跨越。

案例企业的业务曲线如图3-9所示。

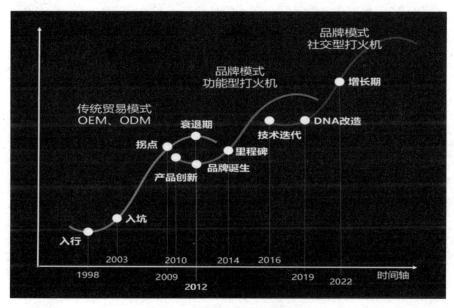

图 3-9 案例企业的业务曲线

知识点解析：MVP

MVP即最小可行性产品（Minimum Viable Product），指的是在产品开发过程中，将资源集中在最核心的功能上，以最小的成本和最短的时间推出一个具备基本功能的产品版本。MVP的目的是在市场验证中尽早获得用户反馈，以便进一步完善产品。

无论是国内市场还是国际市场，企业都需要不断地进行市场调研和产品创新，以适应不断变化的市场需求。通过第二曲线战略，企业在现有业务达到成熟期之前就开始寻找和培育新的增长点，以避免业务下降。这样，企业不仅可以持续保持竞争力，还可以避免单一业务模式的风险，实现多元化发展，从而在激烈的市场竞争中立于不败之地。

法国诗学理论家加斯东·巴什拉的图书——《火的精神分析》描述了火从原始形象到生死本能精神的发扬，再到火象征的光和热对人的灵魂的启迪和升华，直至最高的火的纯洁化的生命高度的过程。

ZENGAZ的案例，有两束给人带来启迪和升华的火：一束，是人文和商业界的思想之火，它为我们带来了创新的商业思维；另一束，是经此商业思维，正在全世界各个角落点燃的蓝焰打火机。

启发思考题

你准备好出海了吗？

1. **市场适应性：如果你的企业正在筹备出海，第一站你会选择哪个国家或地区？为什么？**

① 这个国家或地区的消费者有什么特征？他们对产品的偏好跟国内有什么区别？

② 当地竞品有哪些？他们目前为何没能满足消费者的需求？

③ 一旦你的产品在当地市场受到欢迎，当地竞品快速复制、模仿你的难度有多大？

2. **能力迁移：你能够从国内迁移到海外的能力是什么？**

① 针对消费者需求来定制产品的话，你如何解决供应问题？你的优势是什么？

② 这个优势能给消费者带来什么价值？

3. **消费者信任：如何解决消费者信任问题？**

① 你计划通过什么渠道来推广和销售产品？

② 如何获得消费者对你的产品和品牌的看法？

4. **长期持续性：如何构建长期壁垒？**

① 为了防止被模仿，也为了让出海计划越来越顺，你计划构建的长期壁垒是什么？

② 如何量化判断出海业务的发展状态？

第二篇　产品/服务创新篇

⟶

04

第四章 【时代命题】如何在高度同质化竞争的跨境出海广告营销市场构建创新服务模式

案例教练：张一楠——混沌创商院创新教练

访谈对象：费倩倩——易点天下品牌出海项目负责人、混沌创商院 25 期校友

关 键 词：跨境出海、广告营销、技术赋能、AI 应用创新

▶ 痛点场景和关键挑战 ◀

商务部数据显示，2023年，全国有外贸进出口实绩的企业达64.5万家，其中跨境电商主体超过10万家。然而，出海在跨境商业领域内正在演化为一场充满挑战与机遇的全球化征途。对于众多跨境行业的探索者而言，这不仅仅是一条通往世界市场的桥梁，更是一段历经风浪、见证蜕变的航程。从早期以白牌（无品牌或代工生产）试水海外市场，到逐步建立自有品牌，中国企业在出海之路上所面临的，绝不仅仅是对产品与服务的简单输出，更是一系列复杂且多变的国际游戏规则对其的考验。

正因为跨境出海企业面临的市场环境越来越复杂，服务高度同质化，竞争也越来越激烈，所以为跨境出海企业赋能服务，特别是广告营销这类直接助力业务实现的需求越来越多。

📈 痛点场景

- 国外电商平台的激烈竞争与市场规则的限制如同暗礁，时刻考验着中国企业的应变与适应能力。比如面对亚马逊等国际电商巨头对新进卖家的严格审核机制，以及欧美市场对于产品质量、安全标准及知识产权保护的高要求，不少中国企业曾遭遇重大挫折，有的甚至被迫退出某些市场。

- 出海企业在全球众多文化多元、消费复杂的市场中，面对的是来自全球的同类企业的竞争，作为新兴品牌出现在当地市场，很难快速被客户认知，多触达渠道的营销投入难以形成精准客户的有效获得。
- 在宽阔的出海赛道中，粗放型的投放策略更像在茫茫大海中抛下鱼饵，出海企业现阶段的广告投放已经走出原本的粗放型时代。广告投放效果是一个复杂的系统指标，里面有非常多的相关影响要素，低成本、高效率广告投放越来越难实现。在出海的赛道上，每个市场都有着各自的特点，相关策略也各有不同，很难像单一市场那样通过规模来降本增效。

关键挑战

- 如何更好地赋能中国出海企业在合规性、品牌建设，以及市场策略上进行深度思考与调整，从而更好地在全球市场站稳脚跟？
- 如何跳出低价竞争的红海竞争市场，创新服务模式，让更多的客户知道中国品牌/产品？
- 如何做到广告的精准投放，让出海企业实现更好的营销结果，成功出海？

▶ 案例故事◀

易点天下，从为客户赋能到与客户共生

随着一条"国产三蹦子"的情景短视频在海外平台的爆火——外国人用自己开的汽车做交换条件，获得"国产三蹦子"的驾驶体验。"国产三蹦子"在海外突然爆火。而"国产三蹦子"厂商在没有任何宣传推广，没有海外渠道的前提下，拿到了大批海外订单，"国产三蹦子"在几个月的时间内畅销多个国家，成为社交媒体中的新宠。这个事件可能是一个偶然，但也是中国企业出海发展的一个真实写照。

虽然中国的很多产品在国际上的竞争力逐年加强，但直到Temu的异军突起，全球各市场才真正开始认可中国制造的品质，这为中国品牌出海探索出一条新的路径。这也向诸多中国企业展现了如何在遵守国际市场规则的同时，创新商业模式，精准捕捉海外消费者需求，从而实现从"中国制造"向"中国品牌"的华丽

转身。

在众多优秀的中国制造企业开始投向海外市场时，一系列赋能企业出海的企业也应运而生，其中广告营销是与业务经营最为密切相关的，竞争也最为激烈，易点天下就是其中之一。

高效低成本营销，AI技术驱动海外营销服务

自2005年的诞生之日起，易点天下创始团队便以前瞻性的视野和创新的魄力，逐步在数字营销领域崭露头角。真正使其声名鹊起的转折点则是在2011年，当时易点天下毅然决定将战略重心转向海外营销服务，自此踏上了一条助力中国品牌跨越重洋、走向世界的征途。出海品牌阶段发展如图4-1所示。

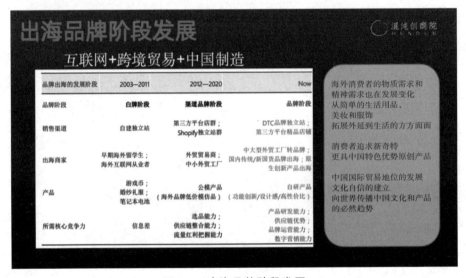

图 4-1　出海品牌阶段发展

在服务出海企业的过程中，易点天下发现，广告投放效率低下成为众多中国出海企业的普遍痛点。特别是在新兴市场的品牌建设初期，海外市场文化的多样性、消费习惯差异，以及市场成熟度不一等特点，要求出海企业在广告策略上不仅要精准定位，还需高度本土化，这无疑大大增加了营销的复杂性和成本。

易点天下基于多年实战经验，提炼出一套行之有效的解决方案。

首先，进行深度市场调研。通过大数据分析，精准捕捉目标市场的消费者偏好和行为模式，为制定本土化策略提供科学依据。

其次，建立强大的本土化团队和合作伙伴网络，确保广告创意、语言表达乃至营销活动都能贴近当地文化和习俗，从而有效提升广告的接受度和转化率。

最后，基于最新研发技术，提供多场景的解决方案。2023年，易点天下推出KreadoAI（见图4-2），打造针对出海营销行业的AIGC数字营销创作平台。以"AI数字人、AI模特、AI工具、AI创意资产"四大解决方案为依托，可轻松解决企业在出海过程中面临的跨国营销内容生产成本高昂、效率低下等诸多问题，为出海企业提供全方位、多场景的"AI+本土化"营销解决方案。

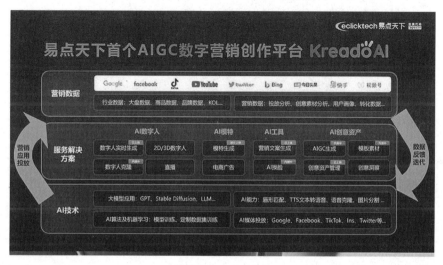

图 4-2　KreadoAI

知识点解析：AIGC

AIGC即生成式人工智能（Artificial Intelligence Generated Content），是指基于生成对抗网络、大型预训练模型等人工智能的技术方法，通过已有数据的学习和识别，以适当的泛化能力生成相关内容的技术。

AIGC技术的核心思想是利用人工智能算法生成具有一定创意和质量的内容。通过训练模型和大量数据的学习，AIGC可以根据输入的条件或指导，生成与之相关的内容。例如，通过输入关键词、描述或样本，AIGC可以生成与之相匹配的文章、图像、音频等。

KreadoAI的功能覆盖相对全面，能够用于文案、商品图、视频等常见的应用领域。在短视频制作方式上，KreadoAI支持一站式的包揽制作，操作难度低；在本土化模特选择上，KreadoAI通过内部150名设计师的大量创意素材数据和A/B Test实际投放测试，帮助出海企业预筛选出营销效果较好的数字人形象和动作（见图4-3）；在降本和增效上，KreadoAI可以将视频制作效率从12小时/个提高至5分钟/个，而成本只有真人的1/100。

图 4-3　KreadoAI 数字人解决方案

KreadoAI高效助力中国品牌拓展全球市场如图4-4所示。

图 4-4　KreadoAI 高效助力中国品牌拓展全球市场

如某假发品牌，在AI的加持下，让海外客户可以非常直观地看到产品展示效果，并且是针对当地市场的展示，用当地的"模特"，如图4-5所示。这让客户倍感亲切，增加他们好感的同时，企业的成本也得到了控制。

图 4-5　用 AI 模特展示产品

品牌海外扩展，BI系统数据驱动营销服务

当出海企业发展到一定阶段，有了一定的积累和市场份额，都会面临着新的决策挑战。比如当下大部分餐饮企业出海，做的都是华人的生意，但品牌想要在海外市场持续扩张、发展，就必须扩大消费人群的范围。

新的市场群体有新的需求，在不影响现有市场的前提下，如何能更好地破圈？求变的火锅、求精的现制茶饮，都体现出了出海企业领跑者的一点共性，即在海外市场保持灵活竞争和创新能力，这些都将是出海企业面临的新挑战。

易点天下敏锐地洞察到了这一需求变化背后的战略调整与产业升级方向，并积极采取相关措施，以促进业务的增长。

1. 针对上游链路的转型

从传统的B2B服务模式向DTC模式变迁,这标志着企业正直接对接并掌握终端消费者市场。这一转变不仅缩短了供应链条，还促进了数据驱动的个性化营销，强化了客户体验的直接反馈机制，为企业提供了前所未有的市场洞察力和定制化服务空间。

2. 面向下游需求的升级

原本对单一信息渠道、展会参与及基础媒体资源的需求，已演变为对全链条整合营销解决方案、品牌国际化孵化服务、跨境财税法务咨询服务、国际化支付解决方案、SaaS技术赋能工具，以及AI技术驱动的产品创新等多元化、高层次需求的综合追求。这一转变凸显了出海企业对高效、一站式服务生态的迫切需求，出海企业旨在通过技术与服务的深度融合，提升全球竞争力。

3. 行业内部分化与深耕

行业内部正逐步告别同质化的批量生产模式，转而聚焦于产品与服务的差异化策略，深入挖掘特定细分市场的潜力。这一趋势不仅催化了垂直领域的深度探索，也促成了以供应链优化与自主品牌建设为核心的新型竞争格局，强调了产业链上下游的协同与品牌附加值的创造。

4. 竞争态势的重塑

竞争环境从相对宽松趋向高度竞争，竞争维度亦从表层的市场份额争夺深化至品牌影响力、线下实体体验与数字化能力的全方位比拼。这不仅是对来自竞争对手的直接挑战的升级，也是对企业创新能力、资源整合能力和全球化运营能力的全面考验，预示着一个更加复杂多变、高阶竞争的时代已经到来。

为了让出海企业更好地应对这些变化，易点天下基于过往每年海量的行业服务数据积累，以AI模型深度挖掘和分析海量数据，打造了易点天下旗下的数据分析与增长模型平台——数眼智能（见图4-6），帮助出海企业迅速捕捉全球最新市场趋势，辅助选品决策并制定更加科学、合理的营销增长与广告投放策略。

首先，数眼智能产品数据模型，打通全球头部投放、聚合、归因平台，实现数据高效整合，可通过用户识别算法，合并买量、变现、归因、行为及用户数据。

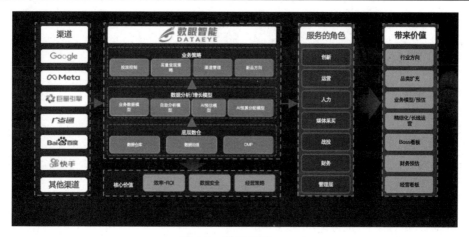

图 4-6　数眼智能

其次，通过数眼智能产品获取的海量营销数据，打磨了AI营销模型、预算分配模型。实际操作中，运营管理者只需上传KPI目标和账户数据，AI模型自动提供预算分配到不同的账户计划，让投资回报率最大化。

如此一来，对于不同投放阶段关注的关键指标不同，在预算分配模型中的KPI指标也不同，运营人员可以完全自定义。运营人员只需提供第三方平台——Key，即可自动接入数据并生成核心指标报表模型（见图4-7），全面覆盖40+个核心运营指标，满足多元数据分析与营销决策诉求。

某公司页游平台专注于PC端和移动端H5游戏的推广与变现业务，为解决广告、游戏及用户数据的存储、处理与分析挑战，借助数眼智能前沿的AI预估模型，该公司多款游戏开发者实现了成本的超前回收，业务效益显著提升，数据管理成本也降低了60%。

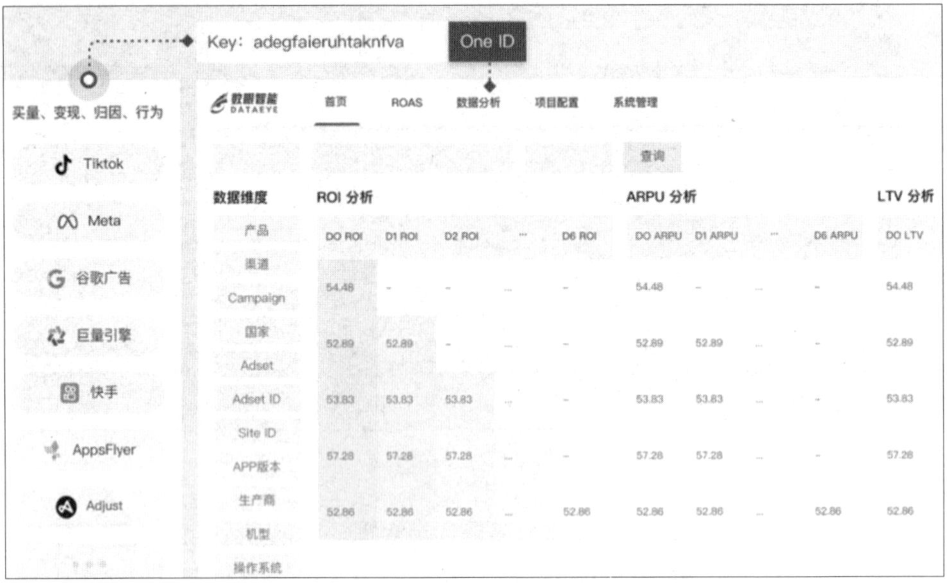

图 4-7　自动接入数据并生成核心指标报表模型

扎根海外市场，一站式数智营销产生规模效益

每个国家的市场宛如一片独特的生态系统，拥有其根深蒂固的文化底蕴、法律框架、经济环境和技术发展水平。这些因素交织在一起，构成了一张错综复杂的网络，使所有的跨国经营远非简单的地理疆域拓展，而是一场对多元智慧与适应能力的考验。

首先，文化差异是横亘在企业国际化道路上的第一道门槛。不同国家的社会习俗、价值观、消费习惯乃至商业礼仪千差万别，这要求出海企业必须具备高度的文化敏感性和适应性。例如，日本市场强调长期关系的建立与维护（所谓的"缘"文化），而美国市场更看重直接、高效与创新速度。这种文化上的深刻差异，要求出海企业在品牌传播、产品设计乃至客户服务等多方面作出精准的本土化调整，绝非一套方案全球通用那么简单。

其次，法律法规的多样性构成了另一重挑战。各国对于外资进入的政策、知识产权保护、数据隐私、环保标准等规定各不相同，且经常变动，这要求出海企业必须具备强大的法务支持和合规意识。例如，欧洲联盟实施的《通用数据保护条例》对数据处理设定了严格的标准，与之不符的企业将面临巨额罚款，这对计划进入欧洲市场的企业构成了重大的合规挑战。

再次，技术与基础设施的发展水平也是影响企业全球化布局的关键因素。一些新兴市场可能在网络覆盖、物流体系、支付系统等方面尚不完善，这要求企业要么投资建设，要么创新解决方案以克服这些障碍。而在技术先进的市场，例如，韩国或新加坡，企业则需要在高度数字化的竞争环境中，通过技术创新来脱颖而出。

最后，市场的互斥现象也不容忽视。某些产品或服务在一个国家的成功模式，可能在另一个国家遭遇冷遇，甚至引起反感。比如，某些广告策略在西方文化中被认为创意十足，在某些东方文化中却可能因过于直接而触犯消费者的情感界限。因此，出海企业必须审慎评估，灵活调整策略，避免直接移植而造成市场排斥。

企业的出海之路是一场跨越文化和制度边界的深度探索，企业不仅要有全球化视野，更要具备本土化操作的能力。这不仅是对成本控制和规模效应的追求，而且是对企业战略灵活性、文化适应力、技术创新及合规智慧的全面考验。出海企业的每一次扩张都是对其自身能力边界的重新定义，唯有不断提升自身能力，出海企业才能在全球化的浪潮中稳健航行，实现真正的跨国界成长与发展。易点天下为使出海企业在拓展能力边界的过程中大幅降低成本，实施"AI+BI+CI"出海全链路解决方案（见图4-8），提供"一站式数智化的出海营销服务"。

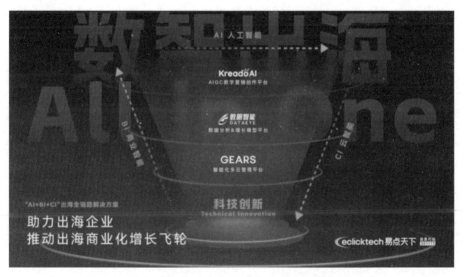

图4-8 易点天下的"AI+BI+CI"出海全链路解决方案

知识点解析：AI，BI，CI

AI即人工智能（Artificial Intelligence），它是新一轮科技革命和产业变革的重要驱动力量，是研究、开发用于模拟、延伸和扩展人的智能的理论、方法、技术及应用系统的一门新的技术科学。

BI即商业智能（Business Intelligence），它是指用现代数据仓库技术、线上分析处理技术、数据挖掘和数据展现技术进行数据分析以实现商业价值。商业智能的概念在1996年最早由加特纳集团（Gartner Group）提出，加特纳集团将商业智能定义为：商业智能描述了一系列的概念和方法，通过应用基于事实的支持系统来辅助商业决策的制定。商业智能技术提供使企业迅速分析数据的技术和方法，包括收集、管理和分析数据，将这些数据转化为有用的信息，然后分发到企业各处。

CI即云智能（Cloud Intelligence），它将AI技术与云计算技术深度融合，通过结合云计算的弹性、可扩展性和AI的智能分析能力，为企业提供一种更高效、更智能的数据处理和决策支持方式。

比如，在某咖啡品牌出海开店的过程中，随着市场拓展目标的设立，逐步开展海外拓展之路。首先，使用易点天下的AIGC数字营销创作平台为内容创意提供多语言跨国生产和高效批量分发剪辑，使品牌的新鲜内容在社交媒体上大量扩散，为品牌占位发声；其次，使用跨云迁移和开发解决方案，高效打通海外协同平台和门店收银业务数据，快速打通消费者线上和线下的购买通道；最后，使用数据策略分析，为每个国家甚至每个门店商圈提供营销方案指导，一站式解决"落地开店+营销策略+效果预算精准把控"的出海目标。在非常短的时间内，该咖啡品牌在海外多国实现品牌门店的扩张和业务的布局。

▶ 混沌教练说 ◀

破解同质化竞争的三种解法

面对海外市场的多样性，企业要想在全球范围内复制成功经验和放大规模效应，就必须超越简单的规模扩张，转向深度的市场理解、灵活的战略调整、高效的资源整合，以及持续的创新能力培养，以此构建跨越国界的综合竞争力。当下跨境出海企业在应对这些不得不面临的核心挑战时，往往需要借助资源的合力，使一系列赋能跨境出海企业的业务快速发展起来。其中广告营销是跨境出海企业直接拿下业务结果的重要方式，由此大批为跨境出海企业服务的广告营销企业应运而生。

随着跨境出海企业的数量不断增加，领域逐步拓展，竞争越发激烈，跨境出海企业对低成本、高效率的广告营销需求也越来越明确。当广告营销公司都在价格竞争的红海市场里厮杀时，如何才能跳出红海市场找到未被满足的新需求，创新产品服务模式，实现创新增长，是案例企业面临的课题。

📈 解法一：供给的组合创新，匹配客户的多元需求

著名经济学家熊彼特提出"创新即旧要素的新组合"的创新理论，不仅仅是对经济活动的一种阐释，更是一种深刻的社会哲学，揭示了人类进步的核心机制。在这个快速变化的时代，熊彼特的理论不仅未显得陈旧，反而因其前瞻性和普遍性更加凸显其价值。

这一理论强调的是，通过对现有资源、技术、理念的重新整合与配置，创造前所未有的价值和可能性。在实践中，这种创新模式体现为跨界合作、技术融合、商业模式创新等多种形式，不断推动着社会向前发展，被誉为"模型之母"，是因为它构成了诸多创新思维和战略规划的基础框架。

以科技行业为例，智能手机的诞生便是"组合创新"的典范。它将通信技术、互联网、多媒体播放器、照相机等多种功能集成于一个便携设备之中，彻底改变了人们的生活方式。苹果公司的iPhone，正是通过巧妙地组合既有技术，开创了一

个全新的市场领域，引领了一场移动通信革命。这样的例子不胜枚举，从共享经济的兴起，到人工智能与传统产业的深度融合，无不体现了"创新即旧要素的新组合"的精髓。

"组合创新"作为一种创新思维策略，不仅要求我们具备深入洞察问题本质的能力，还要求我们能够灵活地重组各种元素，以创造前所未有的解决方案。这一过程高度强调了"拆解"与"组合"的双轨并行，旨在通过细致入微的分析与开放性的思维碰撞，发掘隐藏于表象之下的新机遇。

1. 拆解到最小单元，洞见深层次需求

拆解不仅是简单地将复杂系统或问题分解为更小、更易管理的部分，更是一种深度探索和理解的过程。它要求我们运用多维度视角，对事物进行多层次、多角度的剖析。例如，在商业策略制定中，PEST分析是一种经典的外部环境拆解工具，它能够帮助企业识别宏观环境中的机遇与威胁。

知识点解析：PEST分析

PEST分析是战略咨询顾问用来帮助企业检阅其外部宏观环境的一种方法，是指宏观环境的分析。宏观环境又称一般环境，是指影响一切行业和企业的各种宏观力量。对宏观环境因素作分析，不同行业和企业根据自身特点和经营需要，分析的具体内容会有差异，但一般都应对政治（Political）、经济（Economic）、社会（Social）和技术（Technological）这四大类影响企业的主要外部环境因素进行分析。

此外，对市场的细分，是另一种重要且实用的拆解方式。通过客户细分、地域细分、使用场景细分等，企业能更精准地捕捉特定群体的需求，从而提供定制化产品和服务。对客户的"待办任务"进行拆解，更是深入到了客户需求的核心，理解客户在完成某项任务时的具体痛点和期望，为产品创新提供直接指导。进一步地，企业将"待办任务"的关注指标拆解，则是从量化角度细化这些需求，确保解决方案能够准确击中客户的"痛点"。

案例企业对市场洞察与客户需求进行深度剖析，致力于通过精细化的市场特

征解构、客户"待办任务"的详尽分析，以及对客户核心关注指标的敏锐捕捉，不断探索并精准定位不同时期外部环境中的潜在机遇。这不仅要求企业具备高度的市场敏感度与前瞻性，还强调了企业对客户深层次需求的深刻理解与预见性，确保策略与解决方案都能紧密贴合客户的实际应用场景，成为其业务发展不可或缺的助力。

2. 基于需求与能力的精准匹配与深度融合

组合的概念超越了单纯的机会探索，它是一种深思熟虑的战略行动，旨在通过系统地整合不同资源、技术、理念乃至商业模式的元素，创造全新的价值主张。这一过程并非偶然发现的简单叠加，而是基于组织或个体长期以来积淀的核心能力和独特优势的精准匹配与深度融合。这种策略性的组合不仅要求对市场趋势有敏锐的洞察力，还强调对自身能力边界的清晰认知与有效利用。

首先，核心能力的识别是组合创新的基石。这包括但不限于技术专长、品牌影响力、市场洞察能力、运营效率或独特的文化价值观。其次，有针对性地选择是关键。这意味着在无限的可能性中，企业需聚焦于那些能与自身能力体系高度契合的机会。这种选择性组合，确保了创新方向的有效性和可持续性，避免了资源的盲目分散。最后，组合创新还需考虑生态系统的构建与优化。在复杂多变的商业环境中，单一实体难以覆盖所有环节的最佳实践，因此，通过合作、并购或建立平台等方式，与其他拥有互补能力的伙伴形成协同，成为增强整体竞争力的重要途径。

案例企业实施的"AI+BI+CI"出海全链路解决方案，并非单纯的技术堆砌或阶段性发展的机械结合，而是根植于企业深厚的能力积淀与战略导向的综合体。这一融合模式，实际上是对企业内在知识资本、技术前沿探索及市场洞察能力的高层次整合，彰显了其独一无二的竞争优势与战略远见。

通过这种三元融合路径，企业不仅实现了数据处理从自动化向智能化的飞跃，还促进了从历史数据分析到前瞻性商业洞察的转型，同时深化了对外部环境变化与竞争对手动态的敏锐捕捉能力。

案例企业实施的"AI+BI+CI"出海全链路解决方案，是一个高度定制化、策略导向型的创新举措，是"全球在地化"的探索。特别是通过智能化多云管理平台，以多系统解决方案为依托，为出海企业提供多云持续交付、多云财务管理等多项服务与资源工具，帮助出海企业以更低成本，提升全球运营效率、支撑业务高速增长。它依托于企业长期积累的资源与能力，旨在构建一个既能够精准解析内部运营状况，又能快速响应外部市场变化，同时还具备深度学习与自我优化能力的智能生态系统。这一模式不仅是对企业核心竞争力的重塑，也是对未来商业格局前瞻性布局的深刻体现。

知识解析：全球在地化

全球在地化是全球化与在地化的结合，意指个人、团体、公司、组织、单位与社群同时拥有思考全球化，行动在地化的意愿与能力。

解法二：协同效应，动态平衡价值网络生态系统

企业不仅是一个独立运作的商业实体，更是错综复杂的商业价值网络中的一个活跃节点。这个网络，犹如一张精密编织的蜘蛛网，每一条丝线都承载着信息、资源、合作与竞争的多重价值流向，彼此交织，共同构建了一个动态平衡的生态系统。在这样的系统中，企业的生存与发展，不再仅仅依赖于内部资源和能力，更在于如何有效地与网络中的其他节点互动，形成协同效应，推动价值的最大化创造与传递。

首先，客户作为价值网络的一环，是企业存在的根本理由。企业必须深刻理解客户需求的变化趋势，通过提供创新的产品或服务来满足甚至超越这些需求，从而建立稳固的客户关系。在此过程中，客户的反馈成为企业持续改进和创新的重要驱动力，形成了价值创造的闭环。

其次，供应商不仅仅是原材料和服务的提供者，更是企业供应链上的关键伙伴。优质的供应商能够确保供应链的稳定性和效率，帮助企业降低成本、提升产品质量，共同抵御市场波动带来的风险。因此，与供应商建立长期、互信的合作关系，是优化价值网络、实现共赢局面的关键。

再次，友商与竞争对手的存在，看似是对立的，实则是推动行业进步的重要力量。通过观察竞争对手的策略，企业可以及时调整自己的市场定位，激发创新

潜力。同时，在某些情境下，友商间的合作（如跨界联盟、共同研发）能够开辟新的市场空间，共享资源，共同应对行业挑战，实现"竞合"状态下的价值增值。

最后，外部资源方，包括政府机构、研究机构、金融机构等，也是价值网络中不可或缺的一环。政府机构的支持可以为企业创造有利的营商环境；与研究机构的合作能够引入前沿科技，加速产品迭代；而金融机构的资金支持，则为企业的扩张和发展提供了坚实后盾。这些外部资源的整合利用，是企业增强竞争力、实现可持续发展的关键要素。

企业的价值网络是一个多维度、多层次的生态系统，其中每一个节点都扮演着特定的角色，通过相互作用和影响，共同推动商业活动的有序进行和价值的有效流动。在这个网络中，开放合作、灵活应变、共创共享成为新时代企业成功的关键法则。因此，企业应当不断优化自身在网络中的位置，深化与各节点的连接，以更加智慧和高效的方式，驾驭这股价值流动的洪流，开创商业未来的无限可能。

案例企业就是将整个价值网络当作一个生态系统，进行整合，将客户和供应商的需求也考虑进来，形成共赢的新格局，进而形成一张更大的价值网，让其服务的企业出海更全面、更高效。易点天下的价值网络迁移变化对比如图4-9所示。

图4-9 易点天下的价值网络迁移变化对比

解法三：局部经验全球化复制，"全球在地化"规模效应

规模效应，作为众多大型企业构建其竞争优势的基石之一，其核心在于通过扩大生产或服务规模，有效分摊高昂的固定成本，从而降低单位成本，增强市场竞争力。这一机制不仅为大企业提供了成本上的优势，还使得它们在供应链管理、技术研发、市场营销等方面拥有更强的议价能力和创新能力，进一步巩固市场地位。因此，专注于特定行业或产品线成为一种常见策略，旨在深化专业化程度，最大化规模经济的效益。

然而，当企业的触角延伸至海外市场时，面临的挑战骤然升级。全球市场的多样性要求企业拥有超越本土市场的成功经验和规模效应模型，进入一个高度异质化的环境。以欧美市场与东南亚市场为例，两者之间存在着显著的文化、经济发展水平、消费者偏好、政策法规及技术接受度等方面的区别。欧美市场可能更注重产品的创新性、品牌价值和服务质量；而东南亚市场可能对价格敏感度更高，对产品的实用性有更迫切的需求。此外，全球各地区的数据保护法律、数字支付习惯、互联网渗透率等数字化环境的不一致性，进一步加剧了跨国运营的复杂性。

要在这样的多元化环境中实现规模效应，企业必须具备高度的灵活性和适应能力。这不仅仅意味着企业要快速理解和"翻译"不同市场的特定需求与规则，还要求企业能够整合全球资源，实现跨区域的最佳实践共享，构建一个更加广泛且深层次的全球运营网络。例如，案例企业可以通过建立区域中心来贴近当地市场，同时利用云计算、大数据等先进技术手段，实现数据的高效收集、分析和应用，以数据驱动的决策支持定制化的市场策略。

此外，培养国际化人才团队，加强跨文化沟通与合作，也是跨越地域差异、促进知识转移与整合的关键。企业应鼓励创新思维和持续学习，确保团队能够快速响应市场变化，灵活调整策略，将局部的成功经验转化为全球范围内的可复制模式，形成一种"全球在地化"的规模效应，即在全球视野下深入挖掘并服务于每个市场的独特性。

启发思考题

1. 拆解

① 你的客户是谁？可以按客户类型、规模、属性、地域进行细分。

② 你的客户有什么需求？根据不同的客户需求拆解不同的使用场景。

③ 客户希望通过你的产品或服务解决什么问题？

④ 供应链有哪些基本要素？哪些要素是服务核心客户的重要要素？

2. 组合

① 你的核心能力是什么？

② 你的哪些核心能力和你的客户需求相匹配？

③ 核心能力和需求相结合的模式如何复制？

05

第五章 【时代命题】如何重构价值网络，跳出代运营行业无序内卷的窠臼

案例教练：章小初——混沌创商院创新教练

访谈对象：阮雪青——魔星人跨境创始人、混沌创商院17期校友

关 键 词：跨境电商、行业洞察、生态位、价值网络

▶ 痛点场景和关键挑战 ◀

在全球化的浪潮中，中国企业正经历着从"中国制造"向"中国品牌"的转型，这一过程不仅涉及国内市场的深耕，而且涉及海外市场的拓展。代运营企业作为将中国品牌和产品推向国际市场的重要力量，面临着激烈的市场竞争和复杂的运营风险。

痛点场景

代运营企业在市场拓展过程中，面临三大核心痛点：

- 低价竞争的挑战：市场上一些低投入、低交付的代运营企业以低价策略吸引客户，对注重品质和服务质量的代运营企业造成竞争压力。
- 为人作嫁的风险：代运营企业在投入大量资源进行市场调研、产品开发和品牌建设后，可能会面临客户绕过代运营企业直接与工厂或其他供应商合作的风险。
- 行业运营的不健康模式：传统的跨境电商代运营往往通过快速试错、转移风险给供货方等方式寻找爆品，这种模式虽然短期内可能有效，但长期来看对整个行业的健康发展是不利的。

关键挑战

- 如何洞察整个跨境电商行业的底层逻辑，以更好地突破原有的运营方式？
- 如何通过差异化的服务和创新的运营模式，提升自身的市场竞争力？
- 如何建立与客户之间的长期合作关系，构建稳固的价值网络，确保代运营企业的可持续发展，避免为人作嫁的风险？
- 如何构建一个更加健康、可持续的跨境电商代运营模式，避免快速试错和将风险转移给供货方？

▶ 案例故事◀

魔星人跨境，从代运营服务到合伙人共生

"我们把产品做好，把知识产权维护好，并且把通道打通，出海对于企业来说会是一个巨大的商机。我认为中国将成为世界品牌中心，当中国的品牌走向世界的时候，希望魔星人跨境会是其中一个举足轻重的力量。"魔星人跨境创始人阮雪青如是说。

发展序言：顺应时代和需求的业务转型

在全球化浪潮和数字化时代的大背景下，跨境电商成为连接不同国家和地区消费市场的重要桥梁。从单一品类的平台业务公司，到多品类的跨平台业务公司，是目前跨境电商的主流业务形态，魔星人跨境从2014年到2017年也经历过这一发展阶段。2018年，正式成立公司，专注于为跨境电商卖家提供专业的项目运营服务，实现了从一人作战到团队经营。

正是因为魔星人跨境早期的一线业务实战积累了跨境电商线上运营的丰富经验和对消费需求变化的敏锐洞察，沉淀了一系列的跨境电商运营方法。2019年，成立枫火跨境品牌，以陪伴跨境电商卖家成长的理念，为亚马逊平台的跨境电商卖家提供赋能培训服务，公司正式从跨境电商的销售公司转型为培训服务公司，赋能更多卖家抓住跨境电商的发展红利。同时，开始协同中国家具、家纺、玩具、

智能家居等多个类目的公司或生产工厂出海。2021年，成立魔星人跨境公司，专注于协助公司或生产工厂出海的代运营服务。

从一家亚马逊平台的电商公司，发展到为跨境出海的公司或生产工厂提供全方位服务的代运营服务，魔星人跨境的第一次转型是顺应时代发展的大趋势，结合爆发式增长的需求和核心资源能力优势生长出来的。

危机识别：转念思考先人一步

随着代运营业务的深入，魔星人跨境逐渐意识到这一模式存在的风险。一方面，市场上部分代运营企业采取低投入、低服务的策略以低价吸引客户，这对那些致力于提供高质量服务的代运营企业构成了明显的竞争威胁。另一方面，代运营企业在对市场调研、产品开发及品牌建设大量投入后，可能会遭遇合作伙伴在服务合同结束后选择独立运营的情况，从而面临为人作嫁的风险。此外，跨境电商领域中的传统代运营模式常通过快速试错和将风险转嫁给供应商来寻找畅销产品，虽然这种做法可能在短期内带来成效，但从长远来看，它可能会对行业的整体健康发展造成损害。于是，从企业与行业可持续发展的角度，魔星人跨境开始尝试探索跨境电商的新的解决方案。

随着市场竞争的加剧和客户需求的多样化，单一的代运营服务已难以满足中大型企业的深度需求，要实现长远发展，就必须进行战略升级，与客户建立更紧密、更深层次的合作关系。

在长时间为中大型跨境出海企业服务的过程中，魔星人跨境创始人和团队形成了一套将逻辑思维和商业实践相结合的独特运营模式和战略思维：追问问题的底层逻辑，从根本上解决问题。

跨境电商行业一直在追求爆品的经营模式，而如何打造爆品，则是用快速试错的方式。

那爆品卖得好而又不压货的底层逻辑到底是什么？

1. 数据驱动的销量预测精度，提升运营健康度

回顾魔星人跨境过往的业务经历，我们发现，精益思维的应用是其业务第一次成功转型和运营效率提升的关键。精益思维，源自精益生产的理念，强调通过

持续改进和消除浪费来提高效率。魔星人跨境将精益思维理念应用在对产品的销量预测精度上，销量预测精度是决定其运营健康的关键因素。魔星人跨境通过收集和分析大量的市场数据和消费者行为数据，建立了一套依托数据驱动的精准销量预测系统，有效降低了库存风险和运营成本。

跨境电商底层逻辑：产品的销量预测精准度如图5-1所示。

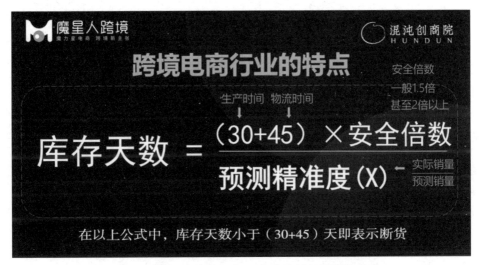

图 5-1 跨境电商底层逻辑：产品的销量预测精准度

2. 基于爆品的长尾理论，多细分领域"开花"

魔星人跨境运用精益思维，通过快速迭代和低成本试错，探索了多个细分市场，赋能了多个领域的企业在跨境电商的运营上获得了更高成功率的爆品。爆品的成功只是一个开始，真正让企业在跨境电商业务中站稳脚跟，还要有持续性的业务成交。

魔星人跨境创始人阮雪青意识到，与其在竞争激烈的主流市场追求单一的爆款，不如转向细分市场，发掘和满足多样化的消费者需求，这就是长尾理论的应用。魔星人跨境通过对产品进行微调和创新，进一步满足这些细分市场的需求。企业基于销量预测精度推导出产品的形态及产量，其产品就有可能成为各细分市场的爆品，长尾理论也得以在跨境电商运营中得到创新性的实施。

通过对跨境电商底层逻辑的思考，魔星人跨境发现，跨境电商的爆品策略并非只依赖于单一的热门产品，而是要深入理解并运用长尾理论，发掘和满足不同细分市场需求的产品，并通过精益思维和数据驱动的决策，提高销量预测精度。这种精益思维的应用不仅提高了运营效率，还增强了魔星人跨境对市场变化的适应能力，降低了运营风险，实现了稳健的业务增长，最终使魔星人跨境在激烈的市场竞争中保持领先地位，为合作伙伴创造更大的价值。

知识点解析：长尾理论

长尾理论（The Long Tail Theory）是由美国作家克里斯·安德森在2004年提出的一种经济学理论，用来描述非主流产品市场在互联网时代的兴起和重要性。这一理论最初是针对媒体和娱乐产业的数字分销模式，但后来被广泛应用于各个领域，包括跨境电商行业。

长尾理论认为，由于互联网的无限货架空间和低成本的分销渠道，消费者可以更容易地找到并购买非主流或小众产品。这些非主流产品虽然销量不高，但因其种类繁多，累积起来的市场份额可与少数热门产品的市场总和相媲美，甚至更大。长尾模型如图5-2所示。

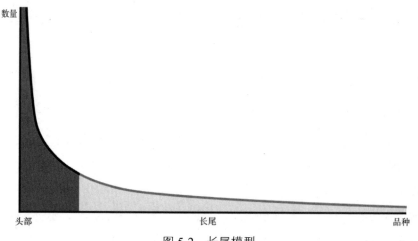

图 5-2　长尾模型

长尾理论在电商领域的应用体现在以下几个方面：

细分市场开拓：电商企业可以利用长尾理论，开拓细分市场，为特定消费群体提供定制化产品或特色产品。

产品多样化：通过提供多样化的产品，满足不同消费者的个性化需求，增加市场覆盖面。

库存和供应链管理：长尾理论鼓励企业持有较少的热门产品库存，转而增加小众产品的种类，以适应市场的多样化需求。

个性化营销：通过数据分析消费者行为，实现精准营销，提高小众产品的销量和市场竞争力。

风险分散：依赖长尾产品组合来分散市场风险，避免过度依赖单一或少数热门产品。

3. 理念转变带来定位转型：从代运营转为项目合伙人

正因为对跨境电商运营底层逻辑的转念思考，魔星人跨境的战略思维也发生了转变。从最初的代运营思维，转向更加注重基于客户需求的产品创新和基于数据驱动的销量预测，从而实现了业务的可持续性。

魔星人跨境开始转变思路，将自己定位为中大型企业的跨境项目合伙人。这一角色转变意味着魔星人跨境将更深入地参与到客户的业务中，从项目策划、市场分析到运营管理，提供全方位的支持和服务。通过这种模式，魔星人跨境不仅能够更好地满足客户需求，还能够与客户共同分享成长与收益。

魔星人跨境在跨境电商代运营行业实施了共生模式，与客户建立了更紧密的合作关系。通过共同规划项目发展，共创产品与品牌，共担运营风险，帮助合作伙伴实现了品牌打造和销量增长，建立了多个亿元级规模的项目，与客户实现了共赢，成为跨境电商领域独特而重要的商业形态。魔星人跨境电商的项目案例如图5-3所示。

图 5-3　魔星人跨境电商的项目案例

持续探索：跨境梦想家、品牌运营与跨境运营系列产品

经过两次重要的转型，魔星人跨境不仅积累了丰富的行业经验，更在品牌运营与跨境运营上探索出一系列创新的产品和服务，为合作伙伴提供了更多的可能性与确定性。

1. 品牌运营的探索

魔星人跨境在品牌运营上的探索，始于对市场和消费者诉求的深刻理解。他们认识到，品牌不仅是企业的形象，更是连接消费者与产品的重要纽带。因此，魔星人跨境推出了"品牌共创计划"，旨在与合作伙伴共同打造具有市场竞争力的品牌。

核心理念：以需求为导向，产品研发为核心，重新定义好卖的产品。

共创模式：魔星人跨境与合作伙伴共同投入资源，实现品牌价值的最大化。

中台支持：提供运营指导、技能培训、人才输送等全方位服务，确保品牌共创企业的快速发展。

2. 跨境运营系列产品

魔星人跨境在跨境运营上的探索，体现在为企业提供多元化的解决方案和一站式服务。旨在帮助企业实现高效出海，打造跨境精英团队。

亿级孵化：助力企业孵化亚马逊精英团队，提供全球渠道解决方案。

联合运营：与企业联合运营，共同规划产品线、市场策略和运营方案。

实战培训：通过TikTok美区实战特训营等项目，为企业培养实战型人才。

魔星人跨境运营系列产品如图5-4所示。

合作内容
COOPERATION CONTENT

财年规划	产品规划	运营实操	物流仓储	品牌建设
·店铺注册	·产品线规划	·项目运营规划	·发货渠道规划	·社媒形象打造
·商标注册	·产品市场调研	·文案编辑方案	·物流资源优化	·官网建设
·VAT注册	·产品运营规划	·图片拍摄方案	·发货全程指导	·销售渠道拓展
·财年规划	·产品备货计划	·产品上架	·确认通关、到货	·售后客服搭建
·月度计划	·产品开发计划	·发货准备	·库存风险把控	
·季度计划		·日常优化	·海外仓资源管理	

图 5-4　魔星人跨境运营系列产品

3. 更多的可能性与确定性

魔星人跨境的探索并未止步。他们通过不断的实践和创新，推出了跨境出海整体方案专家团、"跨境梦想家计划"等解决方案，为企业提供了更多的可能性与确定性。

多平台布局：除亚马逊外，魔星人跨境已布局Wayfair、沃尔玛、TikTok等平台，实现多渠道运营。

精准预测：凭借多年经验，魔星人跨境能够精准预测市场趋势，有效规避项目风险。

资源整合：拥有行业内优质资源整合能力，为品牌出海提供全方位的支持。

品牌出海：精选国内新消费品牌与头部供应链企业，联合进行出海品牌打造。基于流量研究，结合客户与场景研究，重新定义好卖的出海产品，结合心智塑造与价值主张，打造有影响力的出海DTC品牌。

魔星人跨境的探索之旅，是一段不断追求创新与卓越的过程。从品牌运营到跨境运营，它以专业的服务和深入的市场洞察，为企业提供了多元化的解决方案和产品。在全球化竞争日益激烈的今天，魔星人跨境正以其独特的视角和方法，助力更多中国品牌走向世界，实现共赢共享的未来。

▶ 混沌教练说 ◀

认知转念，重塑企业的价值生态位

在商业领域，每一次重大的转型都是对企业核心能力的一次深刻考验，也是对创新精神的一次极致展现。案例企业正是在全球化竞争的浪潮中，通过不断的自我革新和战略转型，实现了从传统服务到共生共赢模式的华丽转身。通过深度思考认知底层的转念和价值网络的重构，不仅在跨境电商领域中找到了新的增长点，还在激烈的市场竞争中塑造了独特的竞争优势。

我们在案例企业的两次关键战略转型中，提炼出了两个核心要素，为所有追求创新和卓越的企业提供借鉴。

📈 基于"一"思维的系统重构

"一"思维是混沌创商院从古希腊哲学家亚里士多德提出的"第一性原理"和柏拉图的"本体论"中生成的思维模型，强调对事物本质的阶段性认知，这种认知具有本质性、独特性、价值性，能够带来更多的可能性。

案例企业在第二次转型中找到新的"一"，实现从服务到共生。

转型前的企业战略聚焦于单一的代运营服务，以打造成功的出海案例为核心愿景。这种模式下，企业的成功度量标准是案例的数量，通过优化服务来实现项目基数的增长和试错成本的降低。然而，随着市场环境的变化和企业战略的深化，这种单点突破的服务模式逐渐显现出局限性。案例企业认识到，成为跨境项目的合伙人能够更好地和客户"共生"（见图5-5），击穿与客户或合作伙伴建立的共生关系，实现共同成长和发展。

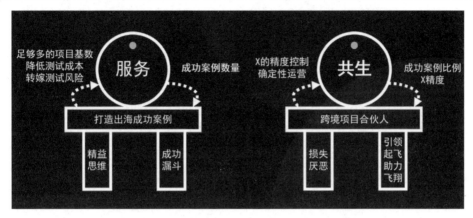

图 5-5　"一"思维模型识别新单点——共生

（1）共创与深度合作：与合作伙伴建立深度联系，通过采购、共同研发、市场共享等方式，实现资源和能力的互补。案例企业基于对市场和客户需求的深层次理解，通过"一"思维的认知转念，创新了品牌共创模式，与工厂和其他合作伙伴共同投入资源，实现共赢。

（2）战略灵活性：案例企业从注重成功案例的数量转变为关注成功案例的比例，从本质上重新定义了"成功"。通过与客户建立共生关系，不仅可以收获商业结果，还可以控制损失和风险。

（3）能力与资源的聚焦：在共生模式下，单点转变为共享风险和收益的合作点，这要求企业在战略规划和执行中更加注重伙伴关系和协同效应。案例企业通过分析自身的强项和弱项，明确了需要增强的资本能力和供应链金融能力。

案例企业实现了从单点式服务到共生式合作的转型，打造出多款超亿元级的跨境电商运营品牌，成为原服务企业的项目合伙人，构建了一个更加健康、可持续的跨境电商代运营模式。

价值网络带来生态位的变革

价值网络决定了企业未来发展方向的关键因素，它既是企业生存的环境，也可能成为企业发展的束缚。案例企业通过重新定义与客户和工厂的关系，以及管理和优化供应链，突破了现有的发展模式，实现战略转型和持续创新。

价值网络是由技术、产品、市场、资本、组织等相关要素组合而成的一个结构，它决定了企业的生存和发展边界。价值网络在连续性时期帮助企业稳定发展，但在非连续性时期可能成为阻碍，因为固化的价值网络难以适应快速变化的市场和技术需求。因此，企业需要识别并梳理现有业务价值网，反思其在非连续性时期创新的制约因素，并在必要时重构价值网以适应新的业务曲线。

案例企业在从服务到共生的转型过程中，识别并梳理其价值网络，反思原价值网络在转型期的制约因素，有效实现价值网络的重构。

在原有的价值网络中，工厂作为乙方，提供产品给服务方。这种模式下，工厂拥有一定的掌控权，但可能导致其对服务方的责任感和资金运作能力产生怀疑，从而产生不信任感。当服务方与工厂转变为平等的合作伙伴关系，强调ToC（以客户为中心）为本，ToB（以企业为中心）为表；服务方与工厂共同承担项目的风险和责任，通过股份投入，增强了双方的信任和责任感；服务方与工厂对供应链进行了整合，工厂的供应链成为企业的供给方，同时保持对外采购的开放性。

经过转变后，服务方与工厂成为背靠背的合作伙伴，共同面对市场挑战；服务方采用供应链管理方式，将工厂作为重要的合作供应链，同时保持市场的开放性；新的合作模式使得服务方与工厂的联合体具有了资本价值，提高了在资本市场的认可度。

新价值网络带来的好处：股份投入和共同承担风险增强了服务方与工厂之间的信任；服务方在供应链管理中发挥主导作用，有效解决库存等风险问题；新的合作模式提高了成功率，增强了行业壁垒；案例企业从代运营行业转到跨境电商行业，利用核心能力，提高项目成功率；新实体企业因合作而具有资本价值，受到资本市场的认可。

通过这一系列的转变，案例企业不仅解决了原有价值网络中存在的问题，还建立了一个更加稳固、高效的新价值网络。这个网络以客户为中心，以企业合作为基础，强调共担责任和资本价值的创造，从而在激烈的市场竞争中取得了优势，为企业的持续发展和创新奠定了坚实的基础。

案例企业价值网络的转变过程如图5-6所示。

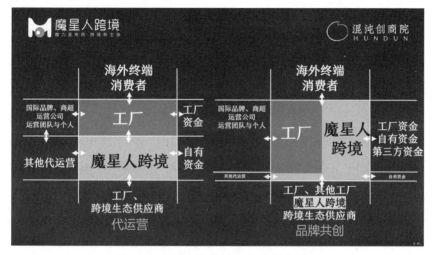

图 5-6 案例企业价值网络的转变过程

在当今全球化的浪潮中，中国品牌出海的征程宛如新时代的"大航海"。当我们将视角拉回到15世纪至17世纪，我们不难发现，那个波澜壮阔的大航海时代与今天的中国品牌出海、跨境电商的全球探索时代有着异曲同工之妙。那时，欧洲的航海家扬起风帆，踏上了探索未知世界的航程；今天，借着跨境电商的东风，中国企业穿越数字海洋，将中国的品牌和产品带向全球每一个角落，这里面不仅有科技发展的风帆，更有中国企业站在巨人肩上的智慧与创新。

"重新定义好卖的产品，让世界爱上中国品牌"一直是魔星人跨境追求的目标。

启发思考题

1. 业务认知转念

① 你当下的业务核心要素是什么？

② 你对当下的业务的根本认知是什么？

③ 基于当下的业务根本认知，你有什么不一样的发现？

④ 基于你对业务本质的新认知，你的业务核心要素是什么？

2. 价值网络定义

① 企业的价值网络是什么？企业的客户是谁？竞争对手有哪些？供应链有哪些？资源有哪些？

② 你的企业价值网络有什么变化？

③ 你的企业价值网络变化的原因是什么？

④ 变化后的价值网络如何支持企业的长期发展和提高企业的市场适应性？

第六章 【时代命题】如何用持续七年的产品创新，从零到一打造微信生态第一的运营服务商

案例教练：白露明——混沌创商院教研负责人，彭岩——混沌创商院创新教练

访谈对象：鉴锋——零一数科 CEO、混沌创商院 5 期校友

关 键 词：产品创新、单点击穿、核心能力、微信生态

▶ 痛点场景和关键挑战 ◀

代运营服务是很多中小企业关注的赛道，在这个赛道中，零一数科（以下简称零一）是一家很有创新力的企业。作为微信生态的代运营服务商，这家企业帮助众多品牌运营公众号、小程序、企业微信、视频号。零一数科成立于 7 年前（2017 年），截至 2024 年，零一在小程序、企业微信和视频号的代运营服务商中的 GMV 排名均为第一，零一的团队人数达 1000 人。

代运营服务本身并非新生事物，在电商行业甚至已经有数家上市公司。零一如何能够依靠不断的创新，在微信生态这个公共赛道中，和包含上市企业在内的潜在竞争者同场竞技，还保持指数级别的增长，最终让自己成为行业龙头的呢？在这个过程中，它遇到的痛点场景和关键挑战是所有做产品创新的企业都会经历的（这里的产品是一个抽象的概念，也包含服务性产品，下文同），而它应对这些挑战所倚仗的产品创新方式，值得我们研究和借鉴。

痛点场景

- 企业需要产品创新，以满足客户的需求变化，或者填补新的市场空白。
- 创新不等于成功，即使有好的产品创新机会，也可能在实际执行中失败。

- 产品创新的成果都有保鲜期，上一次成功的产品创新并不意味着下一次也必然成功。

关键挑战

- 如何找到产品迭代的机会？
- 如何在产品创新的方向中，先找到成功率更高的那个？
- 如何在持续的产品创新中，形成一套"创新系统"，构建组织的创新能力？

▶ 案例故事 ◀

零一，从零打造产品，成为领域第一的创新之旅

零一CEO鉴锋结合他的创业故事和在混沌创商院的系统性学习，和我们回顾了他的创业历程。

创业契机：企业都想学习拼多多在微信拉新，零一能帮他们

很多专业服务型企业的创立都从创始团队的核心能力开始，零一也是如此。2018年最火的两家企业是拼多多和跟谁学，当时它们上市后股价曾分别超过京东和新东方。尤其是拼多多，很多企业都想学习它在微信里通过裂变来获得新用户的方法。

鉴锋在2017年的时候注册了一个公众号，记录和分享自己通过微信裂变活动拉取新用户的复盘，半年涨了3万多个粉丝。慢慢地就有用户在后台询问他，能不能帮他们策划裂变活动。2018年1月，他和通过公众号认识的运营朋友开始创业，他们将公司命名为"零一裂变"，帮企业策划基于微信生态的拉新、裂变活动。

恰逢2018年1月微信小游戏上线，"跳一跳"火爆全网。随即涌现了多个"造富神话"的游戏案例，开启了小程序赛道的红利。当时在投资圈有这样一种说法，所有的App都值得在小程序上再做一遍。据相关数据，仅2018年第一季度就有几十亿元的资金投资在了小程序赛道。

零一的创始团队都是运营出身，乘着小程序的东风，每个月都能打造出爆款

刷屏案例。比如网易戏精课、三联生活周刊会员、趣拍卖等。很多客户排队找零一合作，零一就这样赚到了第一桶金，完成了冷启动。

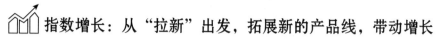 **指数增长：从"拉新"出发，拓展新的产品线，带动增长**

1. 错误的尝试，又回到起点

一般专业服务型企业的团队规模发展到几十人的时候就会遇到瓶颈。因为这类型的企业整体来说创业门槛低，很容易出现合伙人或者有能力的员工带着客户另立门户，抑或是在服务客户的过程中发觉做乙方太苦太累，出现自己也想做甲方的情况。

当时零一也觉得，既然能够帮客户设计裂变活动，拉到流量，卖出产品，那零一也许能自己做小程序，把客户的货拿来卖，将客户的客户再沉淀成自己的客户，这样就能赚更多的钱。正是这个想法，把零一凭"运气"赚的钱，靠"实力"亏完了。因为之前做乙方的时候，零一只需要拉新这一个长板就足够了。但轮到自己去卖货的时候，团队还需要精通选品、转化、留存、库存管理、客服、资金周转等十几个环节。年轻的零一只看到了卖货的"冰山一角"，却忽略了"冰山"下繁多的环节。不亏钱才怪呢！

2019年零一举办了一场以裂变为主题的运营峰会，为企业造势宣传。活动上，鉴锋认识了混沌创商院广深分校的吕宁校长。见面时吕老师送了他一本书——《第二曲线创新》。他读完之后醍醐灌顶：原来"企业的增长"和"设计裂变活动"一样，都有套路可循，而不是单单凭感觉认为自己还能做什么就去做什么，也不是完全靠运气去赌一把。首先，企业要找到一个十倍速增长的赛道；其次，基于自己的核心能力去延展第二增长曲线。

2. 聚焦"微信平台代运营"，从"拉新"拓展到"私域代运营"

零一开始照葫芦画瓢：QQ在2019年时已经面世21年，依然是中国第二大社交App，拥有8亿月活。而微信才面世9年，等微信面世20年的时候，即使有其他App超过它，短期内它也不会快速衰亡，最差也依旧会是中国第二大社交App。同时，零一也搜索了其他平台的服务商数据。淘系有7家上市的代运营企业，如宝尊、壹网壹创、丽人丽妆等；京东系有2家；而微信生态是0家。于是零一决定，10年内专注深耕微信生态这一个渠道。

到了2019年第四季度，企业微信也在内测打通微信好友，让企业可以使用企业微信做私域运营。在零一帮客户做完拉新、裂变活动之后，客户也催促零一帮他们进行转化，这就是私域代运营业务的雏形。

现在回过头看，企业微信开放了"链接微信用户"的接口之后，从2020年至2022年开启了十倍速增长之路。2年时间内，企业微信使用人数从300万人增长到2000万人，帮企业链接服务的微信用户达6亿人。

伴随着微信生态这几年的十倍速增长，零一被用户需求推动，也完成了自己的十倍速增长。零一从最开始只给企业做"单点"的拉新、裂变活动，到帮企业留存、转化用户（企业微信代运营）。

3. 聚焦一个行业，从龙头企业开始，辐射其他企业

由于专注于微信渠道，零一在给KA（行业Top5）提案的时候，遇到同属于代运营赛道的乙方竞标时，便具备了"错位竞争"的优势。竞争对手要么因为前期嫌弃单做这一渠道营收规模太小，要么只有十几人的普通团队在做执行。而他们公司，从最初的200人，再到后来的500人、1000人，这么多人在一起，只为做好"微信生态的运营"这一件事。所以，无论认知、经验、资源，还是GMV产出效果，零一都比它们更好。

知识点解析：KA

KA即关键客户（Key Account），也称为大客户、重点客户，是指对产品或服务消费量大，消费频率高、客户利润高而对企业经营业绩能产生一定影响的要害客户，而除此之外的客户群可划入中小客户群范畴。

集团公司的战略一般都是在其所在的行业打造N个品牌矩阵。对服务型企业来说，聚焦行业之后，只要做好了其中一个品牌的服务，通过集团内子品牌的转介绍就能完成十倍速增长。此外，一个行业里的高级人才也会在行业内流动，当他与零一合作有着良好的效果和感受之后，会把零一介绍给其他公司的熟人，甚至有人去

了新公司也会继续与零一合作，这也是一个十倍速增长的机会。最后，一个行业里的数字化SaaS厂商基本上只有两三家，基于一个行业的价值网络很容易搭建好，通过上下游合作伙伴的互推、转介绍，又能实现一次十倍速增长。

📈 立体爆发：从"通信平台"出发，拓展到"视频号"产品线

1. 又一次踩坑，惯性思维误解了客户需求

2021年视频号上线直播功能的时候，零一立马就组建了运营团队。从2023年起，视频号开始呈现爆发式增长的态势，预计2023—2025年这3年时间内，视频号的GMV规模将从1000亿元增长到10 000多亿元，造就另一个十倍速增长的空间。

乍一看，你可能会觉得零一的整个扩张过程挺顺利，但实际上其中途跌跌撞撞、一路踩坑。比如，零一现在做视频号直播的团队换了两拨人，而很多同行的团队甚至都换了三拨人。

问题出在零一对目标客户的惯性思维上。当你的公司研发出一个新的解决方案，最先愿意买单的肯定是对你信任度最高的老客户，这样的老客户一般是跟你在前一个产品的合作上取得过成功的客户。

在视频号上线之前，用企业微信经营客户私域做得好的大多是零售企业，比如全棉时代、屈臣氏、大润发等。这些企业把线下门店的客户添加为企业微信好友，通过内容服务和会员体系来增加客户黏性，最终极大地提升了零售企业客户的复购率并增加了复购金额。

但视频号属于公域平台，它类似于抖音、快手，本质上也是一个零售渠道，平台通过算法把内容或产品精准地分发给客户。所以零售企业和平台就是竞争对手，零售企业在平台上售卖的产品的价格没有竞争力。品牌商直接在视频号上卖货，才是最优解。

所以零一在微信小程序、企业微信阶段积累的零售企业客户，反而成了零一的"资源诅咒"。拉零售企业来视频号上直播卖货让零一亏损了三个季度。

2. 结合短视频平台的特性，重新做产品创新设计

2022年6月零一在做年中复盘的时候发现，视频号上GMV最高的是鞋服行业。于是零一决定，暂停直播零售行业的9个直播间，重点"攻打"鞋服行业的品牌直播。在这个转变之下，同样的一个运营团队，之前在零售行业运营直播间时单场GMV高峰只能达到10万元，而现在在鞋服行业的直播间单场GMV高峰能到100万元，这就是所谓的"到有鱼的地方去捕鱼"。

从零售行业转换到鞋服行业，企业的价值网络需要重新构建。腾讯ToB事业群、腾讯云、腾讯智慧零售内部也按行业划分，如果在零售行业和腾讯官方建立过信任关系，那么通过内部转介绍，与其鞋服行业团队认识后，能更迅速地达成合作。

自2022年开始，腾讯也集集团之力主推视频号。当时市场的需求非常旺盛，但有运营交付能力的团队很稀缺。在天时、地利、人和之下，零一顺利踏上了新一波的浪潮。在一个季度的时间内就做到了盈亏平衡，到2022年的第四季度时，零一的盈利总额弥补了前一年的亏损额，迄今为止，零一一直位居视频号鞋服行业的代运营服务商第一名，并且GMV前三名的账号都是由零一运营的。

在视频号的鞋服行业取得好的结果之后，零一的团队准备拓展平台第二、第三大类目的食品、美妆行业，大展拳脚。但是等了一个季度，没有任何动静，鉴锋就问团队："为什么？我们的卡点在哪里？"原来食品、美妆企业并不关心零一之前在鞋服行业的业绩有多好，只关心零一对品牌、产品功能、人群画像的了解程度。所以，一切都得重新开始。

📈 产品创新的背后和未来

1. 产品持续创新的背后是组织的创新能力

运营本身是一个工作任务比较杂的岗位，每个行业的用户需求不一样。微信生态从公众号、小程序，到企业微信和视频号，不断演进，从业者所需的运营技能也不一样。所以，零一的产品创新过程需要大量的人才。而零一是专业服务型公司，专业服务型公司最大的痛点就是人才的复制。随着零一的运营专业知名度越来越高，"零一人"与"做运营最厉害的一群人"画上了等号，"零一人"在行业的溢价也越来越高。之所以如此，是因为：

第一，零一非常注重内部每个人的成长和学习。抓手就是总结复盘：根据用户需求/数据分析，提出一个运营方案假设→投入实践中，进行验证→把有效的运营策略沉淀为可复用的标准作业程序，或者提出新的方案假设，进行AB测试，如此循环，把每一个环节都优化到极致……就这样，零一的每一次行动都是"摸着复盘过河"，在操盘一个新产品或新平台的运营活动时，运营人员总能迭代并形成最强的运营能力，取得行业领先的数据结果。

第二，运营人才的缺乏不仅是零一的痛点，也是行业的痛点，所以零一也注重知识的对外分享，从而为行业培养人才。零一把创始人团队的经验，输出沉淀为能对外分享的知识课程和文章之后，又建立一个对外的内容交流社区，这个社区的用户是各个商品类目（如食品、美妆等）的运营人才。零一数科内部所有人都要输出自己的案例复盘，内容质量好的还能被提炼成对外的行业课程，复盘者也能享受课程销售分成。

虽然，零一的战略是只服务行业KA，但零一的内容传播社区汇聚了30万个运营从业者，大量的社区用户都在中小微企业里做运营。他们看完零一的案例文章后虽然没有预算采购零一的服务，但都希望零一提供培训课程和运营SaaS产品。

第三，零一开始尝试把业务流程标准化、工具化。零一从给KA定制开发的各种运营方案中，选出爆款方案做成极简的SaaS产品，开通账号就可以使用。这款产品在2020年年初上线后，在没有花钱推广的情况下，通过零一擅长的"裂变拉新+私域转化+大会员转化+客户成功"的运营组合拳（战术），获得了10万个注册用户和数千万元营收（战果）。我们也陆续把内部为了方便运营规模化而开发的中后台系统开放给整个行业，所有的运营从业者都能在上面借助零一的SaaS产品发挥出较高的运营水准。零一希望建立整个行业的工作标准，所有从业者都可以通过这套标准+这套SaaS产品分工协作，一起给客户提供高品质的服务。

2. 关于未来，零一的产品还可能如何创新

2017年年底刚创业的时候，公司取名叫"零一裂变"，客户一看就知道零一是帮客户做裂变拉新的。一开始零一也只服务"教育行业"，用虚拟的"知识付费产品"帮客户的公众号裂变、涨粉。到了2020年，随着企业微信能链接微信用户做私域运营，零一的品牌升级为"零一运营"，帮客户做拉新后的运营、复购，组建

了100人的产研团队，给"零售、鞋服、美妆"行业的线下导购定制化开发企业微信SCRM、实现线上线下联动、全域经营客户。现在（2024年）升级为"零一数科"，跟随微信的产品创新节奏，为企业提供视频号直播卖货、小程序和微信小店融合打通、微信公域投放获客等微信生态全链路的运营服务。

知识点解析：微信SCRM

SCRM即社会化客户关系管理（Social Customer Relationship Management）。微信SCRM是一种在数字化营销中广泛应用的工具，特别适合企业通过微信平台管理和运营私域流量。它集成了企业微信和公众号的功能，提供拓客裂变、营销活动管理、渠道二维码等多种工具，以满足电商行业的需求。微信SCRM与主流电商平台如有赞、天猫、淘宝无缝对接，帮助企业实现从客户获取到维护的全流程管理。通过微信SCRM，企业能够建立良好的品牌形象，增强客户与品牌的互动和信任，进而提升营销转化率。

按照客户需求的发展趋势，零一未来会成为客户在微信生态的"总经销商"，自己垫款进货，为销售额负责。随着零一对视频号公域流量的熟悉程度越来越高，零一在筹备孵化公司的达人直播间，目标是成为一个有流量的MCN机构，在零一的直播间帮所有的品牌卖货，演进到"零售商"的阶段。

▶ 混沌教练说 ◀

从另一个角度解读零一的产品创新过程

从需求三要素出发，找到产品创新的机会

从零一的建立、发展过程中，我们看到了产品创新对企业增长是多么重要。我们都知道，探索产品创新机会，首先要从市场需求出发。企业需要深入了解目标市场的现状、发展趋势，以及消费者的真实需求，通过市场调研和数据分析，找到市场的痛点和空白。

但更重要的是，在这个过程中，企业需要保持敏锐的洞察力和判断力，在众多雷同的市场调研和数据分析中，洞悉产品创新机会的本质——市场有哪些尚未被充分满足的需求，如何用新的产品来满足这个需求？

那么，如何洞察尚未被充分满足的需求呢？需求包含基本的三要素：客户是谁，在什么场景下有什么"待办任务"，选择解决方案用什么标准。

在零一的案例中，我们可以看到它成功的几次产品创新，都包含了对需求三要素的洞察：

2018年，开始有了"零一裂变"，客户是那些"想学拼多多的企业"，它们的"需求场景+任务"是"微信小程序+裂变拉新"。案例中，当时的零一很顺利，因为他们的产品做到了"爆款刷屏"，说明当时客户选择解决方案的标准就是"刷屏"和"爆款"。洞悉了这个本质后，当时的零一做的产品就是裂变活动策划。这就达成了产品和客户需求的匹配：用裂变活动策划，帮助"想要学拼多多的企业"，在微信小程序端做爆款刷屏的裂变拉新。

2020年时，微信生态新增了企业微信，并且和微信实现了数据互通。这时客户企业的需求场景就发生了变化，"待办任务"也从拉新衍生到了存量客户的运营维护和交易转化。而零一服务的客户群体聚焦到了行业的龙头（案例中提到的行业KA）。因为这一阶段的每一个客户的需求都有差异，当人才有限、资源有限的时候，零一唯有服务于少数高价值的客户，才能保障客户的满意度。而服务好行业龙头，未来辐射到行业内中长尾客户的可能性就更大。

2021年以后，零一把服务的场景拓宽到了视频号领域。这一次，它起初由于惯性思维的限制，没有注意到场景变了后客户的"待办任务"也发生了变化：视频号是一个零售平台，"待办任务"是销售；"待办任务"不再是过往小程序、企业微信场景下的破圈拉新和运营维护了。所以，相应的客户群体从零售商变成了品牌商，而且客户之间行业的差异性也更加凸显，从鞋服类拓展到食品类可能是完全不同的打法。

这里，我们和另外一种思考方式做个对比。大家都非常熟悉的一个业务增长思考方式是"更多的产品 vs 更多的客户"，也就是思考现在的客户还可能买什么产品 vs 现在的产品还可以卖给谁。结合前面的分析我们就会发现，这种思考方式虽然足够直接，但不够精确，甚至容易违背客户的真实需求。举个例子，当零一从基于微信小程序给客户做裂变拉新这个服务形态，拓展到基于企业微信给客户做私域运营这个服务形态时，并非简单的相同客群、更多产品。事实上它的客群变化了，客群对产品的选择标准也就变化了——因为需要做私域运营的多数是客户群体足够大的行业头部企业，它们对产品的要求是定制化的、深度的服务，它们具备付费能力，所以会更关注投资效率，而非价格和成本。

小结一下，当我们寻找产品创新机会的时候，一定要回归客户视角，从需求三要素出发，把我们代入他们的角色，进入他们实际的场景任务，思考他们选择解决方案的标准是什么。

📈 "价值性+独特性"分析，找到成功率高的产品创新机会

大多数情况下，我们遇到的问题都是"怎么找到产品创新的机会"。其实即使找到一个好的产品创新机会，也不一定就真的适合我们，反而可能在执行中失败。

案例企业在发展过程中也曾经两次"踩坑"，分别是2019年时尝试做自己的小程序来卖货，以及2021年微信短视频平台刚上线时尝试做客户代运营。单独看这两个创新机会，都有企业借着它实现了快速突破，但对于零一而言，第一次时，企业把初创阶段挣的第一桶金亏掉了；第二次时，企业在短视频带货行业快速增长阶段，自己的短视频业务却连续亏损了三个季度。

所以，产品创新的机会既然源于客户的需求，那么这个机会就会平等地呈现在整个行业面前。我们看到了不等于我们做得了，更不等于我们能够在这个方向上战胜其他竞争者。

那么，如何筛选成功率高的创新机会呢？两个判断维度：价值性和独特性。其实案例企业成功的几次创新也正是因为符合了这两个判断维度。

首先，价值性判断。在实施产品创新之前，一定要先判断这个创新方向的市场价值有多大。在访谈鉴锋的过程中，他一直非常谦虚地说零一数科的成功主要依赖运气。他指的是零一成长的七年里，微信恰好依次推出了微信小程序、企业微信和视频号。而每一次产品创新之前，他都做了测算：这个赛道未来的市场空间有多大？这个赛道的竞争格局如何？

在案例企业的几次产品创新尝试中，微信小程序、企业微信和视频号赛道都足够大，客户企业跃跃欲试，甚至主动寻找供应商，而行业还没有特别领先的供

应商或服务商。那么，即使案例企业产品创新的成果不是行业最好的，也会有自己的一个发展空间。这种产品创新机会就是价值性最高的创新机会。

其次，独特性判断。独特性判断是指在这个创新机会前，判断自身是否有独特的优势，从而保证自己在这个赛道上的成功率显著高于同行。举个反面例子，案例企业在做好了小程序代运营之后，看到了自建小程序向C端消费者卖货的机会，然而在这个赛道上他们完全不具备独特性，甚至除了运营能力强外还欠缺必需的选品、转化、留存、库存管理、客服、资金周转等能力。所以这个机会虽然好，但属于"他人之蜜糖，案例企业之砒霜"。那么，是否有"他人之砒霜，案例企业之蜜糖"的创新机会呢？一开始并没有，因为这个赛道发展得太快了，以至于人人都能分一杯羹。但这种供不应求的市场趋势不会永远持续，案例企业需要在行业竞争加剧之前构建自己的独特优势。这种方式通常就是聚焦在市场的某一个细分领域，快速积累护城河。

案例企业在产品拓展创新的过程中，还做了多次聚焦：

（1）拉新业务进行拓展创新的时候，选择聚焦微信平台，拓展私域运营业务，而非拓展到其他平台。

（2）企业微信业务阶段，选择聚焦特定行业的龙头，占据一个行业再拓展下一个，而非追求增长速度，将不同行业、不同规模客户统统当作目标客户。

（3）微信生态短视频业务在鞋服行业取得成果之后，选择聚焦微信短视频，向其他行业拓展，而非拓展到抖音、快手等平台上做鞋服代运营。

上面几次聚焦，每一次舍弃的部分并非没有客户价值，并非没有产品创新机会。但通过这样的一次次聚焦，企业逐渐在"微信生态圈的场景+行业龙头"的客群组合下积累了自己的品牌声誉和核心能力。现在别人再来和它们抢客户，就非常难了。

小结一下，在产品创新的机会面前，我们不要急于去落地执行，反而首先需要考虑两点：

（1）价值性，这个机会的市场价值空间有多大？行业的竞争格局如何？

（2）独特性，这个机会还有哪些竞争对手可以抓住？对比之下，我的独特优势是什么，我能构建的独特优势是什么。

📈 创新背后的体系检视——"一"战略

每次产品创新的成果，都有它的保鲜期，所以产品创新是一个持续不断的过程。那么，企业如何在发展壮大的过程中，为自己同步打造一个能够不断孕育出新的产品创新机会，且能抓住更多产品创新机会的体系呢？

企业构建自身创新能力的行为必然和当下的业务行为相统一，在业务成长的过程中孕育能力，而持续创新的能力又会让业务的未来越来越光明。所以，业务的战略系统和创新能力的体系，应该是合一的。那么，用混沌创商院教授的业务"一"战略来思考"如何构建企业创新体系"这个问题，就可以分成三步：

（1）当下产品创新的机会是什么？

（2）为了抓住这个机会，当下的资源最应该投放在哪里？

（3）长期积累的核心能力是什么？

以案例中零一数科最后两年的发展为例。它的产品创新机会在于，在微信短视频平台上继续向其他消费品品类扩张，同步深化服务形态，从代运营服务深化成品牌商的微信端经销商。

为了实现这个目标，零一当下的发展瓶颈在于人才，这是困扰整个行业的问题，所以零一内部的管理都聚焦在如何复制人才上面，甚至除在内部复制人才外，它还在尝试推动整个行业的人才"繁殖"。

那么，零一长期积累的核心能力是什么呢？这是零一未来持续发展的关键，因为企业能够把握的创新机会通常来自过往核心能力的外溢。案例中，零一几次成功的创新背后，积累了三个层面的核心能力：

（1）已经沉淀的标准作业程序等业务知识，它保障了业务扩张过程中，人才能够实现复制。这个能力源于零一从小程序裂变拉新业务开始就坚持做的内部运营复盘，最终反哺到当下的业务中来，让零一后续业务扩张中能够最大限度地突破人才瓶颈。

（2）基于标准作业程序形成的SaaS产品和行业标准，它保障了即使当下零一还未染指的业务，对零一而言也没有门槛，而当下尚未加入零一的人才，未来进入零一也可以快速融入团队。这个核心能力源于第一项核心能力向外界的推广、分享，这让零一在行业内的从业者中间积累起品牌声誉。每个公司的运营专家都知道零一，这让当下的业务扩张事半功倍。

（3）运营者社区，三十万个行业运营人才在零一的社区内相互交流学习。可以想见，未来微信生态下运营相关的产品创新思潮很有可能源于这三十万个一线的运营人才，所以这个社区的价值甚至已经超越零一数科本身。而零一拥有当下最新鲜的知识沉淀，也因为零一不断在这个社区内无私分享这些知识，最有创造力、最具创新精神的从业者就会留在这个社区，且以加入零一为目标。

小结一下，要构建企业持续创新的能力，既要着眼于当下，又要不只看到当下。企业需要从当下市场未被满足的需求出发，聚焦资源，实现产品创新，来满足这个需求。但与此同时，企业也要思考当下的业务能为未来积累什么核心能力，这些能力在帮助实现当下产品创新的同时，又能和下一个未被满足的需求之间产生哪些联系，给未来的产品创新创造可能性。

此外，创新体系的建设还有第四个问题，但篇幅有限，也为了保护零一的商业机密，案例中并没有具体展示这个问题。那就是，如何判断产品创新是否成功、资源分配是否合理、核心能力是否成长？这涉及企业的KPI考核设计，就不在此赘述了。

启发思考题

1. 你的产品可以有哪些创新机会？

① 当下你的核心产品是什么？它对应的需求三要素分别是什么？

② 客户对你的产品最大的抱怨是什么？客户选择其他品牌的理由是什么？

③ 有哪些新的客群出现了？他们匹配的需求三要素是什么？

④ 有哪些新的"场景+任务"的组合出现了？它们匹配的需求三要素是什么？

2. 如何筛选成功率更高的产品创新机会？

① 价值性判断：哪个机会的市场空间最大？当下哪个产品的市场满意度最低？

② 独特性判断：各个机会中，潜在竞争者有哪些？你有独特优势吗？你能把先发优势（如果有的话）转化为独特优势吗？

3. 如何构建持续产品创新的体系？

① 当下产品创新的机会是什么？

② 为了抓住这个机会，当下的资源最应该投放在哪里？

③ 长期积累的核心能力是什么？如何在当下的业务中积累核心能力？它对当下的业务增长有什么价值？对未来有什么潜在价值？

④ 如何判断产品创新成功、资源分配合理、核心能力成长？

第三篇　营销创新篇

第七章 【时代命题】如何打造爆款产品
实现内容电商时代的新品牌突围

案例教练：杨旭凡——混沌创商院创新教练，方强——混沌创商院创新教练

访谈对象：包一达——美锐盒立方创始人、混沌创商院 2 期校友

关 键 词：爆品打造、新消费、传统行业、内容营销

▶ 痛点场景和关键挑战 ◀

很多消费品类都存在一样的问题——"有品类、无品牌"。虽然市场规模巨大，但品牌集中度不高，茶叶市场就是一个非常典型的例子。当下随着新媒体的兴起，企业与消费者沟通的方式变得更加高效和直接，给这类行业传统的逻辑带来了巨大的冲击，但也带来了在行业细分赛道里塑造新兴品牌的可能性。

痛点场景

- 内容电商时代，原本在线下还能偏安一隅的传统茶行业，产品同质化问题暴露无遗，很多商家只能以低价方式去内卷竞争。随着90后、00后成为消费主力，消费者对茶的消费观念、消费场景及认知都发生了变化。茶商家一方面要面对中老年消费者流失、年轻消费者增长疲软的困局，另一方面受到线上新媒体的诱惑与冲击。难道除了价格战，就没有其他出路了吗？

关键挑战

- 年轻消费者的需求在不断变化，如何精准"击中"消费者需求，打造差异化的爆款产品？

- 消费者的注意力越来越稀缺、短暂，如何能够借助新媒体打造传播和销售矩阵，助力爆品突围？
- 如何解决爆品生命力难以延续的问题？如何赢得消费者的信任，完成从爆品到品牌的突围？

▶ 案例故事 ◀

美锐盒立方，从爆品到品牌突围的"幕后推手"

2024年3月27日，胡润研究院正式发布"胡润中国茶叶领域典范企业榜"，福建白茶品牌白大师凭借卓越的品牌和市场表现荣登榜单，如图7-1所示。

企业	主要品牌	城市	主要茶种
八马茶业股份有限公司	八马茶业	广东深圳	乌龙茶
福建白大师茶业有限公司	白大师	福建厦门	白茶
湖南省白沙溪茶厂股份有限公司	白沙溪	湖南益阳	黑茶
湖北采花茶业有限公司	采花	湖北宜昌	绿茶
广州茶里集团有限公司	茶里	广东广州	综合
宣恩县伍台昌臣茶业有限公司	昌臣	湖北恩施	绿茶
云南昌宁红茶业集团有限公司	昌宁红	云南保山	红茶
勐海陈升茶业有限公司	陈升号	云南西双版纳	黑茶
宜宾川红茶业集团有限公司	川红	四川宜宾	红茶
福建春伦集团有限公司	春伦茗茶	福建福州	花茶
云南大益茶业集团有限公司	大益茶	云南昆明	黑茶

图 7-1 胡润中国茶叶领域典范企业榜

白大师作为白茶领域的一个初创品牌，用3年多时间，实现营收规模超过10亿元。凭借"一掰一片，一片一泡"的创新泡茶理念，以及"老白茶，闷着喝；白大师，自然甜"的闷茶新体验，白大师成为茶行业的一匹黑马，在老白茶细分赛道中脱颖而出，成为闷茶领域TOP1品牌，不仅取得了良好的市场成绩，而且引发无数同行对白大师品牌的关注。

2023年，一款名为"双陈老金标"的普洱茶品牌在短短3个月内销售额突破500万元，铺开了100家渠道。"双陈老金标"打破传统普洱茶依赖金融价值和收藏属性的发展模式，走向品饮消费化，拥抱新的用户和新的消费习惯，聚焦在办公室、会议室、户外等新场景，回归一杯好茶的本质，让更多人轻松喝到、喝懂优质年份普洱茶，快速赢得了市场的认可。

作为世界茶文化发源地的雅安，拥有2000多年的种茶、制茶历史，前不久，当地国有企业雅茶集团发布了2024年全新产品"小方玺"，推出"大雅之茶，「方」是好茶"品牌理念。"小方玺"产品巧妙地使用"方玺罐"作为产品造型，既借势中国传统玉玺传递品牌悠久的东方文化底蕴，又有极强的差异化辨识度，赢得了市场的一致赞誉和期待。

解密茶行业多款爆品的突围法则：单点效益最大化

为什么传统茶领域在短短几年内会持续出现爆款？这背后不得不提到一家重要的品牌策划企业——美锐盒立方及其创始人包一达。

包一达在2010年创立了美锐文创，公司获得稳健发展后，一直受困于设计行业标准化缺失带来的高成本和低效率问题。2019年，包一达在学习完混沌创商院课程后，找到了设计标准化缺失的解决方法：80%的底层标准化、体系化+20%的表层非标准化、个性化。他借鉴元素周期表的灵感，拎出了36个基础设计单元，演变出了无数不同的设计方案，顺势成立了"盒立方"，切入包装研发和定制生产赛道。白大师品牌便是包一达和"盒立方"团队的代表作。接下来我们借着复盘白大师品牌爆款单品的打造，来一窥美锐盒立方的新兴品牌突围法则。

1. 品类聚焦找合力，单品细分精准破局

传统茶行业内卷极其严重，一片红海，随着直播电商的崛起，更加剧了价格战的"你死我活"。白大师作为行业后来者要想入局并破局，没那么容易。

茶行业的问题都有哪些呢？

从行业维度来看，传统茶行业"有品类，无品牌"，茶商都在打价格战；市场大环境发生变化，随着直播及内容电商崛起，同质化加剧，内卷降价过程变得更快、更短；传统茶过往主要在外包装上做出差异，解决的是容器和美观这两项需求，在当下自媒体时代竞争力远远不够。

从渠道变化来看，过去市场最主流的四大渠道是线下经销加盟、大卖场批发、传统电商（包括京东、天猫）及传统的熟人介绍流量。今天，以直播、短视频、裂变式的种草营销及私域流量为主的新四大渠道快速崛起，直播是最先进的渠道形式之一，短视频是销售长尾效应最好的渠道形式之一。传统营销的特点是从生意到关系，而裂变式营销则是从关系到生意，私域关系是未来商业里重要的核心资产。能否开拓新渠道，拥抱新的营销逻辑，这对于茶商家来说是危也是机。

从用户需求来看，年轻茶客最大的烦恼是什么？传统工夫茶喝着麻烦，新茶饮又没有底蕴。传统工夫茶为什么麻烦？因为泡茶过程烦琐，泡茶需要净手、烫器、请茶、洗茶、分茶、闻香、品茗……如果是白茶茶饼，泡茶还需要按次撬，难以控制用量，且容易产生大量茶碎。传统茶饼（见图7-2）体积大，不易携带。那么，年轻人不喝茶吗？显然不是，茶快销饮料行业规模年年递增及新式线下茶饮品牌的异军突起，都显示茶的年轻受众很多。年轻人喝茶的需求到底是什么？年轻人喝茶不是某种需求要素替代另一种需求要素，而是多种需求要素的叠加，既要方便，又要好喝，还要好看、能秀，方便是门槛，好喝是基础，美是社交需求，秀是仪式感。

图 7-2　传统茶饼

白大师作为茶行业后来者，明白在这个大而分散的行业里，要想突围，只能聚焦。在行业问题、消费者需求、竞品差异及自身优势这4个维度寻找合力点，团队要聚焦如何让喝茶既方便又不失仪式感。围绕这个点，白大师采取区别于市场上茶品牌常见的全品类打法，大胆地做"舍百取一"的减法，即舍掉一百个不做的，只重点做一个最合适、最精准的。

做原叶茶，舍弃调味茶、粉剂茶；

做白茶，舍弃其他五大茶类；

做福鼎白茶，舍弃其他产地的白茶；

做3年以上老白茶，舍弃3年以下的白茶；

做便携白茶，舍弃传统形态白茶。

通过做减法，白大师专注在细分品类——3年以上便携福鼎白茶。

2. 爆款单品思维：最小单元+X，延伸无限可能

茶企以往在做产品规划的时候，大概率会把SKU做得特别多，包括引流款、形象款、利润款、自用款、送礼款、收藏款、品鉴款、分享款、裂变款等，一个茶企大概会有超过30个SKU。包一达发现这几年很多跨行业的爆品都是单品打天下，一款单品有可能同时具备上述9款产品的属性与功能。有没有可能，白大师也可以通过一款产品打天下，再延伸出无数款产品？

由于茶叶的农产品原材料属性，外包装在茶产品里的地位举足轻重。过去的茶包装想要体现仪式感、价值感，想要送礼更有面子，大多数会用到一些多、空、厚、大、贵的包装，来增加尊贵感。如果茶包装设计把时尚、方便摆在首位，往往会陷入一个误区，就是它的价值感变低了，产品看起来很廉价。在自媒体时代，包装要有自传播属性，白大师的茶产品在兼顾便携、简约、节约的同时，要有社交属性，要有仪式感，要有显著的差异化。

在文创设计领域深耕了十几年的包一达，最后在男士的雪茄盒及女士的眼影盒中找到了设计灵感，找到了一个最小单元的打法，叫"小方片，很方便"。外包装是方形马口铁盒，内里茶叶压制成跟巧克力块一样轻薄的片状，一盒中包含6小片茶，"一掰一片，一片一泡"，在设计上满足了消费者对于高颜值及体面的需求。这个小方片变成白大师的最小单元，如图7-3所示。

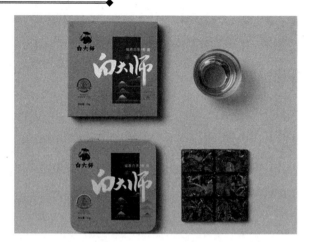

图 7-3　白大师小方片

在这个最小单元做延展，通过对旧要素的新组合进行微创新后，每一块包装的颜色有什么意义，年份信息怎么体现，都能影响到产品的转化率。增加它适用的场景进行后续的延展，比如送礼、商务、收藏、办公、露营等，能满足更多元人群的使用需求。2021年，匹配闷茶壶场景：老白茶，闷着喝，小方片不仅让喝茶更方便，还与更多的移动场景及当时火热的户外场景相结合。

通过最小单元不变，还可以极大地降低供应链上的成本。围绕小方片盒打造了自动化生产线，制造成本从最早的将近2元钱，到后面降了一半，效率和产能都得到了极大的提升。

3. 内容营销单点突围：抖音种草，全域变现

"舍百取一"法则在渠道布局时依然适用：把资金集中起来，只在抖音上投放。通过抖音快速验证商业闭环，有了抖音势能，再到达人矩阵、私域渠道、线上的天猫、京东，最后到线下的经销商，势能叠加。

1）白大师小方片的影响力怎样通过营销放大？

出于对2020年抖音电商的十倍速红利的判断，尤其是它的流量红利、展示红利和品牌宣传红利，在服饰、美妆等类目，都能看到崛起了一批新兴爆款品牌。于是，白大师团队一开始几乎舍弃其他一切渠道只做抖音这个渠道，发力短视频内容种草引流，直播间日播常态化（日播18小时）。官方店播出成果后，绑定大量腰部达人进行矩阵式带货分销，将抖音的闭环彻底打通，形成了发动机效应。

2）如何才能单点击穿抖音这个渠道呢？

（1）降低新消费者尝试门槛。小方片白茶产品外观设计新颖，"随身随饮"的产品理念，以及类似快消品的产品销售方式，降低了消费者的尝试门槛，拉近了产品与新世代年轻消费者间的距离。

（2）多场景覆盖，重复强化消费者关注点。年轻消费者在"996"工作之余，追求简单又不失仪式感的生活方式，让"老白茶，闷着喝"的理念融入生活、休闲、娱乐场景中去打造"慢生活"内容，不断重复、强化便携白茶概念。

（3）科学种草，精准触达不同人群。整合茶圈达人资源，为专业及科学的茶理念背书，精准触达潜在茶客尝鲜；利用代言人吴刚的广告内容，通过场景化、趣味化的重复挖掘，对年轻消费者群体多点重复触达；日常针对不同消费场景下的消费者需求，匹配不同系列的闷泡产品，有针对性地进行兴趣内容种草；邀请大量消费者进行科学种草，扩大品牌受众人群；活动期间邀请代言人吴刚空降白大师品牌直播间，推出相关福利机制，集中转化……

2021年12月18日，白大师在抖音电商新势力品牌活动的加持下，抓住茶饮品新年送礼和会客的增长点，打造"1218白大师开仓盛典"，推出代言人吴刚定制签名纪念款。自播14小时GMV即破1000万元，签名纪念款售罄，破品牌自播历史最高纪录。抖音App上各类型茶叶旗舰店销售占比及热卖品牌如图7-4所示，其中白大师成为白茶品类销售额TOP3品牌。

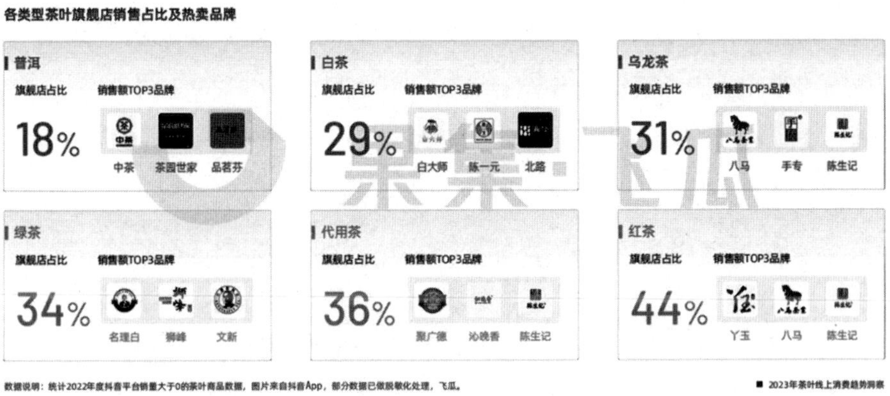

图 7-4 抖音 App 上各类型茶叶旗舰店销售占比及热卖品牌

（4）全域变现，构建线上线下立体渠道。在验证抖音渠道的同时，团队也意识到，2020年的抖音在全域的价值，不仅仅在于收益变现，更在于全域的种草。在抖音平台的种草，可以在全域变现。抖音流量溢出的第一平台是天猫，其次是京东、唯品会、拼多多等线上电商平台（注：抖音2020年才正式成立电商部门，原本支持跳链其他电商平台的方式在当年的10月9日后转为只支持抖音小店商品），电商平台也愿意给在抖音有热度的品牌更多资源。白大师在抖音前期的流量外溢中吃到了第一波红利，不仅在内容平台上吸引年轻人关注，形成了第一波的转化，还在私域和传统电商平台上迅速收获一批忠实粉丝。在所有渠道里，线下渠道反应是最慢的，但也是最具优势的，因为渠道足够多，空间够大，有利于拉长爆品的生命周期。白大师发力线下渠道建设，到2023年年底，在全国拥有了超过1500家加盟商门店。

爆品DNA延伸，重复强化消费者心智，构建品牌效应

白大师围绕一款小方片产品，在内容建设上逐步占领消费者对于便携白茶的认知，在渠道上逐步构建自媒体电商、达人分销、私域、平台电商和线下加盟的立体模式。内容电商时代数据透明，找准消费者需求，借助平台流量红利打造一款爆品有短期成效，但爆品很容易被跟风模仿，导致市场陷入价格内卷。小方片的便携设计就快速引发了行业的跟风浪潮，消费者只会记住最有记忆点的品牌，而不会记住第一个推出的品牌。

爆品是品牌从建立消费者认知到转化的最短路径，但品牌要在市场上创造真正有效的价值，还要解决爆品的生命力如何延续的问题，实现从爆品到品牌的跨越，成为消费者心中的首选品牌。

在中国茶行业，大部分企业品牌短板明显——在终端市场的认知度相对较低，消费者购买决策时主要考虑产地茶而非品牌茶。茶企只能通过频繁出新品或者单品折扣营销来保持消费者对其产品的新鲜感。但是年轻用户增长疲软、同质化竞争问题无法解决，自身产品线无限扩大最终也会让企业遇到更大的瓶颈。

小方片产品首先打破了消费者对便携白茶的认知。在探索新品类的过程中，小方片产品通过抖音、小红书等平台不断种草、发声，"内容建设"的沉淀成为"品牌建设"的基础。

其次，小方片产品本身的外观聚焦点放在了精致的马口铁盒、极具质感的封口铝膜、简约时尚的设计上，携带方便，与传统的茶叶包装形成明显差异，在用户心智层面将"便携白茶=小方片=白大师"进行烙印、巩固，将品类心智慢慢转化为品牌心智。

"爆品的重复不应该只存在于营销中，产品的连贯性和延续性也很重要。"美锐盒立方创始人包一达持续地以"小方片"为品牌核心DNA，不断衍生出小方片的不同规格形态的产品、品宣等，重复强调着小方片"便携""方便"的特点。

2020年，白大师官宣演员吴刚成为形象代言人，借助影视角色"达康书记"的热度，提升品牌知名度，触达多元的消费群体。

2021年，白大师推出小方片的延伸产品方片壶，开创了"老白茶，闷着喝"时代。

2022年，白大师推出科技感十足的方片盒，按压升降的可玩性，在用户中也掀起了一波自传播热潮。

围绕闷茶新体验，持续推出闷泡杯、闷享杯等系列产品……

2023年，白大师全年零售总额突破10亿元，在全国拥有超过1500家加盟商，"白茶+方片壶"组合套装市场销量突破200万单。

▶ 混沌教练说 ◀

新兴品牌如何资源聚焦，力出一孔，单点破局

在白大师品牌的案例里，包一达和白大师团队在面对复杂的市场环境和多变的用户需求时，并没有走以往茶品牌"大而全"的老路，而是跳出行业的惯性思维，回到"如何解决年轻群体喝茶麻烦"的本质问题去寻找解法。在行业问题、消费者需求、竞品差异及自身优势的交集里，白大师找到了"便携精品白茶"这个差异化的单点，成功打造了小方片爆品。

我们看到了在理性思考后做极致减法，力出一孔，单点破局的力量。更难能可贵的是，在获得市场认可后，白大师团队没有贪多求大，而是在"便携白茶"这个单点上持续深挖，打造闷壶、闷杯等便携茶具，提出"老白茶，闷着喝"的

闷茶新体验，让消费者随时随地有仪式感地喝一杯好茶。

"弱水三千，只取一瓢饮"，选择和专注于一件事物，而不是在无尽的选择中迷失自我，这是古已有之的中国式生活智慧。

乔布斯回归苹果公司后，削减了大量产品线，只专注少数几款核心产品，从而帮助苹果公司重回巅峰。

任正非说："任何一家企业的资源都是有限的，如果把最核心、最主要的战略方向确定之后，就要把所有的精兵强将、资源调上去，饱和攻击，聚焦在一点上，先在这一点上取得突破。"

混沌创商学院的李善友教授也说："击穿阈值这件事很有意思。这个世界不是百分数的世界，而是0和1的世界。101%（击穿了阈值）就是1，99%（没击穿阈值）也是0。"

今天，随着互联网和供应链技术的成熟，很多消费品类创建一个品牌的门槛明显变低，但与之对应的是渠道端和媒介端的高度碎片化，品牌的玩法层出不穷。新兴品牌的创业者往往资源有限，稍有不慎就会深陷泥潭。我们如何更好地学习单点破局的法则，力出一孔，打造最小单元爆品，帮助自己的品牌突围？

1. 洞察新兴用户群体的"Jobs to be done"

"Jobs to be done"（待办任务）是哈佛商学院教授克莱顿·克里斯坦森提出的，它强调理解用户使用产品或服务的背后实际是为了解决某个具体问题或满足某种深层次需求。产品不是一种功能集合，而是要帮助用户更好地完成他要完成的任务。比如，用户不是想要一台钻孔机而是想要墙上的一个洞；用户去星巴克不仅仅是为了喝咖啡，更是为了一个舒适和放松的第三空间体验。

任何一个新兴品牌，在领先企业已经建立主导性优势的市场里发起挑战，都无望获得成功。于是洞察市场上有哪些潜在增长的新兴用户群体，以及这些群体有什么未被满足的"待办任务"至关重要。"待办任务"迫使创业者转换到用户的视角去思考，确保产品让用户真正觉得有价值，而不是选择"别人都是这么做的"，也不是选择"最容易做的"。

就如白大师的案例里，传统茶品牌只满足了老茶客冲泡品茗的闲情雅致，一味强调传统的茶桌文化。市场上存在一个普遍的认知误区——年轻人不喝原叶茶，他们喜欢的是奶茶，是新式茶饮。白大师团队却认为："在年轻消费群体崛起的时代背景下，不止新茶饮有机会，原叶茶也有巨大的商机。"慢悠悠地泡茶、饮茶，显然已经跟不上年轻人和这个快节奏社会的步伐了。年轻群体一方面在"996"快节奏的工作里内卷、对抗，另一方面又对休闲的慢生活充满向往。白大师品牌不是在打造"便携精品白茶"产品，而是在帮助年轻群体既方便又不失仪式感，随时随地喝一杯好茶，这才是年轻群体饮用原叶茶的"待办任务"。

当下的创业日子有点难过，每个人似乎都在思考如何容易地赚一点钱来度过眼下的危机。但越是在这种艰难的时期，越是要回到根本——你能为你的消费者创造的独一无二的价值，回到这个价值层面上来思考问题。

2. 旧要素新组合，打造最小单元级的简洁产品

"旧要素新组合"来自混沌创商院的组合创新思维模型，这个思维模型源于熊彼特的创新理论。熊彼特认为，创新不是指新技术的发明，而是"建立一种新的生产函数"，即"生产要素的重新组合"。所谓"经济发展"就是指整个商业社会不断地实现这种"新组合"。以实现这种"新组合"为职业的人便是"企业家"，每个企业家只有当其实际上实现了某种"新组合"时才是一个名副其实的企业家。

这个创新理论揭示，创业者的核心职能不是去发明创造新技术，而是实现某种"新组合"，以更好、更高效地满足用户需求。换言之，创新所需的要素已经存在于这个世界上。在创新之前，这些要素都各自依附于大大小小的不同的经济体系，不会随意自动组合。创业者需要在逻辑上识别出、在物理世界中抽取出这些要素，并按照一种新的组合方式将其重组。这种新的组合比老的组合更能够满足市场需求，这就是创新。

比如茶产品，可以简单地从茶叶形式、包装形式和茶具三个维度的要素进行理解。传统茶行业是"原叶茶+礼盒包装+功夫茶桌、茶具"的组合，主打固定的室内饮用场景；新式茶饮加入配料的新要素，形成"茶叶萃取液+配料+颜值设计杯装"的新组合，满足年轻人口味革新的移动饮用场景。白大师只选取3年以上的福鼎原叶白茶，但不再做成沉重的大茶饼，而是创新性地借鉴巧克力块的形态，把茶叶压制成易掰的6块方片，以及从雪茄盒和眼影盒里提取包装要素，打造了马口铁方片盒外包装，后续又从便携茶具的角度推出了闷壶、闷杯，从而用"方形

精品茶块+马口铁方片盒+闷壶、闷杯"的组合，满足年轻群体方便又不失仪式感的喝茶需求。

"旧要素新组合"给创业者提供了一种可习得、可落地的产品创新思考方式。"横看成岭侧成峰"，从哪几个维度来理解供给，以及每个维度之下包含了哪些二级、三级，甚至多级的要素，这考验着创业者对供给角度的理解，以及对供给要素颗粒度的理解。

既然是"旧要素新组合"，从数学角度来说，这种组合理应有要素的幂次方种可能，到底什么才是最好的组合呢？

找到那个最有价值的最小单元组合，击穿它。

德谟克利特是古希腊哲学家，他曾提出一个哲学观念：万事万物都由不可分割的最小单元构成，并且在空间中不断运动和结合，从而形成我们所知的各种物质。

乔布斯也坚信，一个产品最深刻的体验来自它的简洁性。去除所有不必要的元素，直至核心功能和美感得以突显，产品具备易用性、直观性、最少化设计元素。

货物紧缺的年代，消费行业创业者总是试图将自己的货架塞得满满当当，以期望满足消费者多样化的需求。渠道型公司从小店到超市到购物广场越来越大，产品型公司也开发越来越多的产品线。而到今天，商品过剩、消费者注意力稀缺的时候，很多企业还在延续这种惯性做法。这本质上是一种偷懒的行为，因为企业不清楚消费者的痛点，希望抓住每一个机会，让每一位消费者满意，卖出更多的产品。

市场上存在无限的需求，也存在无限的供给要素。这种情况下，要把你能为你的消费者创造的独一无二的价值，用一个具象的、实实在在的简洁产品，连接供需两端，使得供需流动起来。

白大师的爆品破局之道也在于，前期聚焦于"小方片，很方便"，后期聚焦于"闷茶新体验"的闷壶、闷杯套装。用极简的产品让整个团队专注做同一件事，不会为其他事所分心，让整个团队清晰地知道"自己在干什么，为谁干什么，用什么来干什么"，那么用户就不会有选择困难症，也不用把大量的时间浪费在对比产品属性和特点上。最终企业在营销端的打法也能专注和聚焦，即使渠道和媒介碎片化，企业在内容上也能做到力出一孔，单点破局。

3. 品牌常新的制胜秘诀是动态变化的价值网络

哈佛商学院教授克莱顿·克里斯坦森将价值网络定义为技术、产品、市场、资本和组织等基本要素组合形成的一张无形的网络，这些要素相互关联，共同决定了企业如何创造价值和捕获价值。克里斯坦森认为："真正决定企业未来发展方向的是价值网络，而非管理者。管理者只不过扮演了一个象征性的角色而已。"

一个企业的价值创造过程，尤其是消费品这类以消费者为中心的企业，它的价值创造的起点首先就是消费者的需求和偏好，需要用最符合消费者偏好的方式去提供各种产品，用消费者最习惯的方式去触达。企业的成功取决于，其能围绕消费者需求构建价值网络。但是，我们也常说："消费者完全满意约等于死期将至。"这是为什么？其实，企业并非"死"于消费者，而是"死"于其和消费者共同织就的价值网络。一旦市场发生变化，这个成功的价值网络会使企业过于依赖现有的技术方案和消费者群体，而忽视新兴技术和新消费者需求的发展。

随着技术的进步和渠道的变迁，消费者的生活方式、生活偏好和消费习惯也在不断演变。总是在要求企业提供更新颖、更高效的满足其需求的组合方式，驱动市场不断进步。

乔布斯说："在PC行业立于不败之地的最佳办法是，在上一代产品达到巅峰之前，下一代产品已经蓄势待发，准备颠覆第一代产品。"

没有谁天生强大，也没有谁会永远强大。在每一次的变化面前，谁都可以成为新兴品牌。而品牌常新的制胜秘诀在于，动态地使用简洁、高效的组合方式去满足消费者未被满足的需求，永远如此。

启发思考题

你所在的行业里，是否也存在新兴品牌的机会？

1. 已有产品在运营的情况

① 市场上可以分为哪几类消费者？谁是你的消费者？

② 这些消费者在什么场景因为什么需求会使用你的产品？

③ 你独一无二的核心能力是什么？

④ 你为你的消费者创造的独一无二的价值是什么？

⑤ 如果没有你，你的消费者会失去什么？世界会失去什么？

⑥ 聚焦核心价值，你的产品能做什么简化？

2. 产品还在规划中的情况

① 市场上可以分为哪几类消费者？什么类型的消费者有潜在的增长机会？

② 市面上的主流产品满足的是消费者的哪些需求？

③ 其他消费者在什么场景下使用主流产品有未被满足的需求？

④ 你独一无二的核心能力是什么？

⑤ 结合核心能力，你怎样才能更好地满足这个未被满足的需求？

⑥ 这个产品如果再简单些，你会去掉哪些要素？强化什么要素？

08

第八章　【时代命题】如何抓住超级个体的红利，实现IP运营的流量变现

案例教练：章小初——混沌创商院创新教练

访谈对象：胡狸姐——室内设计师、混沌创商院 6 期校友

关 键 词：短视频、IP 运营、流量变现、商业进化

▶ 痛点场景和关键挑战 ◀

新媒体浪潮的迭代速度越来越快，从图文到视频，再到短视频，随着技术的快速迭代，从营销传播的单向输出，到当下的千人千面个性化营销，重塑了营销运营的客户心智。传统行业，特别是依赖于传统线下营销模式的企业，正面临前所未有的挑战，不仅是客户触达方式的转变，更是供给表达方式的转变。

痛点场景

- 新媒体平台运营规则在逐渐成熟的过程中，流量的获取成本越来越高。
- 面对超级个体自媒体运营赛道火热的竞争，传统行业缺乏有效的运营方法，难以快速实现IP运营的流量变现。
- 从线下营销到线上运营，传统企业的组织心智转变困难。

关键挑战

- 如何在短视频时代转变创始人和组织心智的认知模式，充分利用IP打造快速获取流量，成为企业创始人及高管亟须解决的问题。
- 如何快速熟悉平台运营规则，精准理解客户需求，有效实现流量获取和高效转化？

> ● 如何在大量同质化内容的竞争中，找到适合业务和企业的IP运营模式，精准获取客户，快速实现IP突破？

▶ 案例故事 ◀

从专注自己，到连接更大的世界

故事得从2009年说起……

胡狸胭脂室内设计有限公司自2009年成立以来，便以其独特的设计理念和专业的服务态度，成为全国最早的私宅独立设计公司之一。

前传：匹配生活方式的独立设计师

胡狸姐和胭脂，两位女性设计师，用她们对美的追求和对生活品质的深刻理解，尊重每一个家，认真对待每一个客户的生活习惯，引导客户找到最适合自己的生活方式。

胡狸胭脂室内设计有限公司成立的10多年间，以其卓越的设计作品和专业服务，赢得了业界的广泛认可和客户的深厚信任。她们的设计作品不仅在国内获得了诸多荣誉，如电视节目《梦想改造家》广州唯一指定设计团队、《暖暖的新家》2015年第一季10期广州唯一指定设计团队等，更是在国际舞台上展现了中国设计师的才华和实力。

然而，随着市场的发展和客户需求的变化，胡狸胭脂室内设计有限公司也面临着经营上的挑战。尽管她们的设计作品广受好评，但也面临独立设计费不被接受和高客单价低复购率等私宅设计公司都会面临的问题。如何在保持设计品质的同时，拓宽客户群体并找到与自身设计理念相匹配的客户，以提高产品与服务的附加值，成为她们亟须解决的问题。

转变：从专注自己，到关注自己和客户的连接

2021年，带着对经营问题的疑惑，胡狸姐在混沌创商院学习了2个月，第一次接触系统性商业知识学习的胡狸姐，虽然没有找到解决方案，但是在心中种下了

一颗种子：我要如何更好地连接我的客户？为客户创造什么样的独特价值？

2022年，IP的风潮席卷而来，为一直都是从线下获客的胡狸胭脂室内设计有限公司带来了新的机遇。胡狸姐意识到，通过打造个人品牌，利用新媒体平台的传播力，不仅可以提升自己的知名度和影响力，还可以把过往自己对室内设计的理解和经验分享给更多需要的人，吸引更多精准的客户。通过一年的摸索、打磨，胡狸姐在2023年年底跑通了在小红书一年变现1000万元的"新营销变现"模式。

成型：这是"我"和"莫妮卡"的恋爱故事

既然选择了通过线上的方式连接客户，选择平台就是关键的第一步。

1. 在哪里相遇？根据业务形态选择平台

任何平台都会经历四个发展阶段：萌芽期、成长期、成熟期、衰退期。在2022年入局新媒体IP领域，抖音已经处于成熟期，新手很难在抖音快速实现IP运营流量变现，而小红书正处于成长期，需要大量优质内容创作者和平台共同成长。另一方面，小红书的忠实用户大多是来自北上广深的以80、90、00后为代表的中高端用户，这群人人数超过1亿人，而小红书的日活用户为2000万人，占该群体总人数的比例将近20%。

室内设计服务恰好就是小红书用户感兴趣和关注的内容，更重要的是，室内设计是高客单价的服务产品，高质量客户的决策链路更长，成本更高，需要构建更强的信任关系，小红书的用户对高客单价产品的信任程度相比其他平台更深。本着围绕内容做流量的想法，胡狸姐开始了在小红书上发视频内容的IP运营之路。

2. 如何找到对的人？找到自己的"莫妮卡"

要想在新媒体上脱颖而出，首先需要明确自己的定位。不仅要知道我是谁，我为谁服务，我如何被看见，还要知道他/她是谁。

1）公式定位我是谁

不少短视频账号围绕流量做内容，迎合用户的需求设计内容，虽然也能获取流量，但这不是胡狸姐想要的。"我们首先要找到最好的自己，才能找到对的人。"胡狸姐在反复推敲自己是谁的过程中总结出了一个模板：基于我的（优势），我能为（谁）提供（什么）服务，解决他们/她们（什么）痛点，从而帮助他们/她们实现（什么）目标。

胡狸姐通过对个人特征的深度剖析，找到了自己在内容创作和个人品牌建设上的独特路径：坚持做一个拥有20年的私宅设计经验，能让装修既美观又省钱的设计师。

首先，基于个人在设计领域的专业经验。作为资深设计师，为需要装修的人提供专业的设计、施工和服务。客户常常面临找不到合适的设施、预算紧张以及装修公司不靠谱的问题。胡狸姐正好可以利用自己的专业知识，帮助他们解决这些痛点，实现既美观又经济的装修目标。

其次，基于共情能力强这个情绪特质，面向有家庭责任的女性客户。胡狸姐可以快速识别女性客户的痛点需求，并提供有情绪价值的建议，甚至通过装修方案的设计，帮助她们解决家庭矛盾。

最后，利用自己的专业和资源帮助真正需要帮助的人，才是业务最大的价值。胡狸姐更倾向于为那些真正需要帮助的人提供服务。她希望能为预算有限但需求更大的人提供价值，这让她感到非常有成就感。这种性格特征和价值观，让胡狸姐的个人品牌更人性化和具有亲和力。

2）共情他/她的真实感受

在一句话说清楚我是谁后，就要了解你的客户（他/她）是什么样的人，这关乎你的服务能否直击他们的内心。他们的年龄、生活状态、兴趣爱好、行为特征等，都是你需要了解的。胡狸姐通过反复地推敲、打磨，描绘了她的客户画像：一个30~40岁，上有老下有小，热爱生活，追求精致生活的女性。胡狸姐还给"她"取了一个名字——莫妮卡。

莫妮卡：

她是一个热爱生活的人，

生活单调重复，她却能把柴米油盐唱成一首歌。

她有一个幸福快乐的大家庭，

上有身体健康的老人，

下有一个三岁的儿子和一个十岁的女儿。

她还有爱她的老公，虽然他的嘴笨笨的，

但满满的爱意全展露在他的眼睛里。

她的目标是照顾好家人的同时，一定不会放弃爱自己。

她喜欢干净温暖的空间，简单纯净的生活。

她内心笃定，知道幸福不是别人给的，而是自己创造的。

她偶尔有点儿小情绪，但允许自己的"摆烂"，勇于直面内心的自己。

她爱音乐，爱旅游，爱喝咖啡，爱喝茶。

她有一个人生终极梦想，就是好好地享受生活中的每一刻……

"她就像我从未见过面的朋友，又像我特别熟悉的老朋友。"胡狸姐用这个名字和形象，让自己在创作内容时，感受到自己是在与一个真实存在的人对话。这种深度共情能力，让她的内容更加贴近客户，直击他们的内心。

3）说出"莫妮卡"的心里话，结合个人特质深耕垂直内容

当用户定位不同时，内容定位也会完全不同。胡狸姐在内容创作上采取了用户垂直和内容垂直的双重策略。她在明确自己的目标受众——那些追求精致生活、需要装修服务的特定客户群体的同时，确保内容的形式或价值观保持一致。最终实现1年内从166人到70 000多人的自然涨粉。

深入理解小红书平台的规则是极其重要的，点赞、收藏、评论、转发是平台核算数据的关键，这些数据直接影响内容的推送量。针对精准用户的内容，要不断激发他们的情绪价值，鼓励他们进行互动，从而提高内容的曝光率。

为了提升用户的信任度，胡狸姐坚持真人出镜，让每一个关注她的人都能感受到她的真实和温暖。只有成为一个有血有肉的人，而不仅仅是一个工具，才能在用户心中留下深刻的印象，从而实现有效的转化。

胡狸姐发布的内容中，70%是垂直的，20%是干货分享，10%用来吸引流量。但

是为了引起用户的共鸣，她也会在内容中加入一些个人元素，比如适当地融入一些自己的生活点滴，让内容更加生动和贴近人心。2024年5月，胡狸姐发布了一条自己如何帮父母做旧屋改造，挑战用18天花费3.5万元自装100平方米的房子的视频，快速引起多方关注。

📈 定性："恋爱"就是奔着"结婚"去的，线下成交率90%以上

当IP号聚集了众多关心装修的精准用户时，接下来的挑战是如何把线上的流量转变为线下的成交。胡狸姐是如何做到让90%的用户只要踏进公司的大门，就可以带着合约走的呢？

1. 引流吸引更多的人——表层引流与深层引流

首先，通过多种渠道进行表层引流，如群聊、评论区、标签、个性签名等，增加自己的可见度，让更多用户能够找到胡狸姐。然而这种基础的引流方式并不能让用户主动联系，我们需要进行深层引流，这提供的不仅仅是联系方式，更是一个理由，一个让用户想要主动联系的理由。胡狸姐通过公开课、文档、直播课等吸引用户，进而引导用户加入其私域流量池——"装修互助群"。在"装修互助群"中，她每天分享设计干货，维持群的活跃度，与用户建立信任关系。通过定期的公开课，她吸引了大量用户加入，如2024年3月的一堂公开课就吸引了300多人。

2. 不断设计钩子与诱饵，加强粉丝的互动性

能引起关注的钩子需要投其所好。胡狸姐准备了16份装修资料，又将自己一年多的知识分享总结出版成12万字的《装修宝典》，仅靠这本书，她就能吸引用户进入其私域流量池。因为用户非常需要这样的内容，所以他们自然会被吸引进来。

抛出的诱饵则是为粉丝提供价值和好处，比如"大牌质量，小厂价格"的省钱渠道，这就吸引了粉丝点击观看。

3. 搭建产品价值阶梯，逐步建立信任关系

如果说引流和诱饵只是让用户不断唤起对IP的关注，那么，通过价值阶梯的逐步互动，最终让用户自然而然地选择成交服务则是逐步升温、建立信任的结果。

价值阶梯分为4步：引流钓饵、前端产品、中端产品和后端高价产品。引流钓

饵就是平台上的免费公开课；前端产品可能是198元的低价课程；中端产品可能是几千元的训练营；最后是后端高价产品，比如50万元/个的高客单价装修设计。价值阶梯是一个逐步传递信号的过程，让用户一步一步地靠近，如图8-1所示。

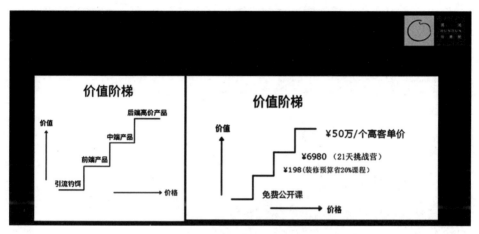

图 8-1 从引流到下单——价值阶梯

当客户对IP有了深入的了解和信任后，他们可能会选择到公司咨询具体的设计和施工业务。胡狸姐的公司提供了一个舒适的、类似咖啡厅的环境，非常适合女性客户群体，空间中展示的奖项和合作项目体现了公司的实力和专业，为公司的业务能力加持。最关键的是，在客户上门之前，胡狸姐会要求客户填写一个展示其装修需求的表格。在表格中，胡狸姐可以了解客户喜欢的音乐、茶品等，而客户到公司咨询时，她/他听到的就是自己喜欢的音乐，喝到的就是自己爱喝的茶。客户在非常熟悉、放松、信任的状态下，成交是顺其自然的必然结果。

未来：生成式创新，连接更多的可能性

从一个独立的室内设计公司，到为全国更多的客户提供省钱又美观的装修知识的IP，在这个过程中，胡狸姐接触了更多的客户、更多的需求、更多的供应商，而这些新的需求在不断变化，逐渐打破胡狸姐业务的边界，创造更多的可能性。

创立"装修情报局"：在2024年2月的一场公开课中，胡狸姐吸引了一大批准备进行装修的客户，她顺势推出了一款名为"装修情报局"的收费998元的社群产品。在这个装修群中，客户来自全国各地，这些客户对她产生了信任，与她积极互动，咨询如何与设计师沟通、与装修公司谈判等。这些新的需求为胡狸姐提供

了多种变现方式：连接当地设计公司匹配装修交付；为多年来合作过、筛选出的优质供应商和有需求的客户提供连接服务；推动装修行业的透明、高质量建设等。

胡狸姐从区域市场，逐步向全国市场延伸，业务模式也从单一的室内设计方案提供，向装修行业的生态赋能拓展，逐步构建一个业务的生态系统。从装修行业的供应商成长为连接者，创造更多商业可能和更大的价值。

▶ 混沌教练说 ◀

如何引发个人与企业的深层次变革

在不断演变的商业世界中，个人与企业都面临着持续创新与成长的挑战。特别是在自媒体流量快速发展和超级个体彰显影响力的时代下，创始人个人的IP成长往往和企业的业务成长同频共振。如何能够深层次激发个人与企业的变革，激活个人和企业自成长的基因？

让个人和企业重生的第二曲线

第二曲线是由英国管理学家查尔斯·汉迪提出的概念，在组织或个人的发展过程中，为了实现持续增长，需要在第一曲线达到巅峰之前就开始寻找和培养新的增长点。

第一曲线代表现有的业务或技能，经历初始的学习成长、快速增长，最终到达成熟期和衰退期。正如个人和企业长期擅长的领域和模式，都将经历从不熟悉到熟悉的过程，也会因为在长期熟悉的过程中会形成思维惯性，导致第一曲线业务进入衰退期而不自知。

第二曲线则是在第一曲线到达顶点之前，就开始探索和发展新的业务模式或技能，以实现持续增长和创新。案例中的企业和创始人都经历了第一曲线的变革转型，实现了第二曲线新的突破。

1. 个人第二曲线：从设计师到IP博主

案例中的创始人个人发展经历了显著的转型，从一名专业的室内设计师转为具有影响力的IP博主。这一转变的核心在于对市场趋势变化的敏感度，以及对客户、自身特质的深度分析，最重要的是坚持"为客户好"的价值初心。

2020年由于新冠疫情影响，个体在线时长大幅增加，大量消费场景开始转向线上，对于能够熟练掌握和有效整合数字化工具的个体来说，是个重要机遇，超级个体经济快速成长起来。微商、社区团长、视频博主、知识付费等超级个体经济大范围迅速在各个行业发展起来，这不仅改变了传统的业务营销模式，而且让不少传统企业面临新的挑战。案例中的设计业务虽属于线下业务，但其过往获客方式主要源于线上，于是其创始人敏锐地察觉并迅速抓住了线上超级个体的红利期。

通过一年的摸索、学习和实践，胡狸姐快速沉淀了一套在小红书平台打造个人IP的方法论。第一步，通过反复追问"我是谁？我还能是谁？"精准定位IP的人设；第二步，通过深度思考"她是谁？她还能是谁？"共情客户的痛点需求；第三步，聚焦客户和垂直内容，把过去沉淀的高质量装修知识免费分享给粉丝，快速吸引价值观一致的高质量粉丝；第四步，结合平台规则和粉丝心理，设计价值阶梯产品，逐步建立与客户的深度信任关系；第五步，通过直播、社群、线下见面等多种形式，让客户感受到被用心对待，最终实现水到渠成的业务成交。在IP建设的过程中胡狸姐也实现了个人第二曲线的成功转型。

2. 企业第二曲线：从区域单一供应商到全国行业连接者

伴随着个人的IP转型过程，随着粉丝需求的深度交互和广泛的资源链接，企业的业务也逐步实现第二曲线的跨越。

一方面是业务服务范围的扩大，通过线上平台的放大，案例企业的服务不再局限于区域市场，而是扩展到了全国。另一方面是服务形式的多样性，案例企业提供的服务不只局限于设计方案，还包括了装修过程中的沟通协调、供应链连接，甚至与供应商的商业合作。最终，案例企业逐步构建了一个以IP为核心的生态系统平台，连接设计师、供应商和客户，形成了一个多方共赢的商业模式。

第二曲线的昂扬向上需要"单点破局"

虽然案例中个人和企业的第二曲线突破是自然成长的过程，但在这个过程中最重要的是将资源集中投入在一个击穿点上，才能触发自增长正循环，实现快速增长和系统性变革。案例中的这个击穿点就是小红书的IP定位和深度垂直的内容。在单点破局的过程中企业需要建立自增长的飞轮模型。

1. 自增长的起点：客户和供给的精准定位

首先，结合过往企业和个人的发展经验，明确企业和个人的特质、优势及资源，核心能力和价值主张是过去沉淀的优势，也是未来发展的起点。其次，清晰定位客户的特征、需求、真实情感，只有把客户当成活生生的"人"，从功能和情感上深度理解客户，才能真正打动和黏住客户。

2. 自增长的正循环：客户和供给的信任关系

根据精准的人群和个人定位，匹配对应的专业内容，但是内容只能吸引客户的关注，并不能形成转化。所以自增长的正循环，不是流量的突破，而是信任关系的闭环。案例企业通过价值阶梯的产品设计，以及真实、真诚的个人形象和故事，逐步让客户感知供给的价值，并通过情感的共鸣逐步构建信任关系，加深客户的价值感知，真正实现每一次客户与供给的接触都是一次信任关系加深的过程。

3. 自增长的终点：客户和供给的价值匹配

单点破局要构建的是最终的价值交换，在这个过程中，客户的价值需求和供给的价值主张必须匹配，而每一次客户与供给的接触都是价值匹配的验证。案例企业在小红书的每一个内容都始终围绕着"美观且经济"的装修理念，无论是讲解设计理念，还是沟通施工细节，都坚持这一核心信息，因此客户感受到的就是省钱又美观的装修。

案例企业及其创始人生动地展示了如何通过聚焦核心要素，实现从专业设计师到具有影响力的IP博主的华丽转变，以及如何将一个地方性的设计施工服务扩展为全国性的解决方案提供者。

无论是个人还是企业，都需要在不断变化的市场中找到自己的定位，通过学习和创新来构建和增强自身的竞争力。在商业领域，每一次重大的转型都是对企业核心能力的一次深刻考验，也是对创新精神的一次极致展现。

启发思考题

打造个人 IP，你准备好了吗？

1. 精准定位

我是谁？我还能是谁？

① 我的优势是什么？我能为谁提供什么服务？我能解决他们的什么痛点问题，从而帮助他们实现什么目标？

② 这是不是我擅长的事？这是不是我喜欢的事？

③ 做这件事我是否有成功经历？

④ 请一句话总结"我是谁"。

她/他是谁？她/他还能是谁？

⑤ 她/他在生活中是什么样的人？喜欢什么？不喜欢什么？

⑥ 她/他在我提供服务的领域有什么期待和想法？

⑦ 请用一句话总结她/他是谁。

2. 设计你的价值阶梯产品

① 你的引流方式是什么？

② 你的前端产品和中端产品如何转化？

③ 为了能转化后端高价产品，你需要做好哪些准备？

09

第九章 【时代命题】如何实现品牌方和加盟商的利益价值最大化

案例教练： 高佳琪——混沌创商院创新教练

访谈对象： 杨国茂——约读书房创始人、CEO，混沌创商院 24 期校友

关 键 词： 组织运营、加盟模式、渠道营销创新、品牌价值

▶ 痛点场景和关键挑战 ◀

加盟模式被视为企业快速扩张和市场渗透的重要策略，十几年来在餐饮、零售、教育、服务业等多个行业被广泛应用，比如，喜茶、奈雪的茶、老乡鸡这些餐饮品牌都是通过成本低、运营灵活的加盟模式快速抢占市场。

因为加盟模式见效快、利润空间大的特点，逐渐出现以加盟模式为商业利润主要来源的商业模式，让加盟商更加追求利益最大化。可是这不仅不能让品牌方通过加盟商快速拉近与客户的距离，反而使加盟商成为品牌方和客户之间的阻力。这也让那些真正想实现品牌价值的企业在推行加盟模式时遇到了挑战。

痛点场景

- 快速扩张导致品牌方对市场的控制力减弱，加盟店的极速增加，加盟商质量参差不齐导致品牌方对加盟商的监管难度提升。
- 加盟商对投资回报周期的要求与品牌方长期布局的品牌价值之间的利益难平衡，造成冲突，品牌的一致性在客户和市场上容易受损。
- 加盟商作为品牌方与市场之间的桥梁，反而降低了品牌方对市场变化的响应速度和决策效率。

- 加盟商作为直接面向市场客户的前台，又是品牌方的渠道合作方，与品牌方内部的协同管理效率和价值理念的一致性也备受考验。

📈 关键挑战

- 如何有效地管理和监督数量众多的加盟商？如何在确保加盟商具有一定独立性的同时保证其运营质量，保持品牌形象的一致性？
- 如何平衡和协调加盟商与品牌总部的长期和短期利益？
- 如何在追求快速扩张的同时，控制市场风险，保证加盟店的质量？
- 如何提高品牌方对市场变化的响应速度和灵活性？

▶ 案例故事 ◀

约读书房，两次转念坚定"品牌—加盟"大组织模式，迎来全新增长黄金期

约读书房的业务早在2012年就已经开始，创始团队成员在给孩子做数学学科培训的过程中发现，很多孩子学习不好是因为读不懂题，而这种理解能力与阅读量息息相关。2012年7月，该团队创始人带领3个孩子进行第一次读书会试验，此后用3年的时间验证其模式可行；2015年，团队砍掉学科业务，正式专注于非应试、素质类儿童阅读的市场化规模推广。

"这个过程既有我们对学科教育本质理解的不同，又有我们对学科教育商业模式的市场前景的差异化认知带来的正向反馈激励。"约读书房创始人、CEO杨国茂提到，当时市场上有大量方法论模式、学科辅导模式不断地给孩子输入知识和技能，他们也尝试过，最后发现，这些模式并不能真正做到引导孩子自己发生改变。怎样才能真正启发孩子学习的底层能力？在约读书房看来就是通过"引导、陪伴、分享"的教学模式真正激活孩子阅读的兴趣，使孩子养成阅读习惯，让每个家庭都弥漫书香，不仅使孩子受益，也使家长受益。

约读书房门店风采如图9-1所示。

图 9-1　约读书房门店风采

第一次产品转念，沉淀组织能力

从2015年到2018年，约读书房坚信每个孩子本自具足，孩子可以通过阅读，建构起自己的认知世界，而约读书房要做的只是激活孩子阅读的兴趣和帮助孩子养成阅读的习惯，这正是约读书房存在的价值和使命。

1. 双师模式创新，突破门店增长瓶颈

在K12教育培训赛道近乎疯狂的同质化竞争下，约读书房理念和产品的独特性使其快速发展，在总部济南和山东省内其他地市经营了30多家直营门店，也获得了众多家长的认可和品牌口碑。"2017年，我们在考虑布局全国市场时，遇到了一个巨大挑战：直营面授模式的全国运营复制能力不足。特别是面授读书会对'领读人'的要求特别高，直营门店还能基本保持应有的水准，加盟门店的面授读书会品质无法掌控。"约读书房创始人、CEO杨国茂回忆，约读书房2017年的绝大多数时间和资金都投入在产品模式的创新上。

约读书房拆解了影响面授课程效果的关键要素：领读老师、对应年龄的图书清单、课程形式，其中最难复制的是领读老师的专业引导，最难落地的是课程现场的暖心陪伴。针对这两个关键要素，约读书房创了双师读书会模式（见图9-2）：第一师是线上领读人，为此公司成立了专职领读老师团队，筛选、培养领读人（见图9-3），并且结合数字化技术，通过线上直播方式实现总部专业线上领读人的全国

覆盖。第二师是线下阅读指导师，为此公司培养线下门店的阅读指导师，使其深度学习课程产品内容和清单，配合线上领读人进行线下落地辅导，把线下体验和学习效果击穿。仅用了一年多的时间，约读书房通过加盟和直营的方式，就实现了全国200多家门店的覆盖。

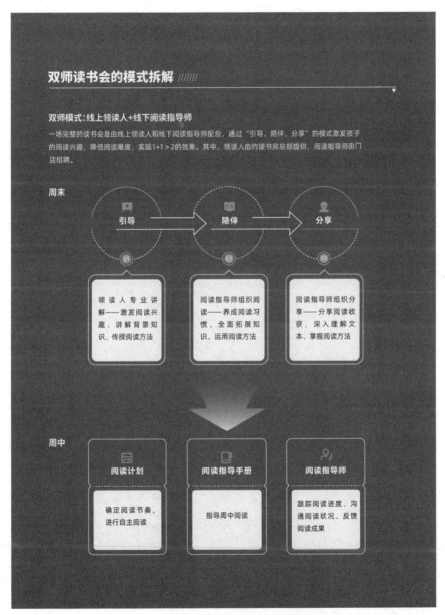

图 9-2 约读书房双师读书会的模式拆解

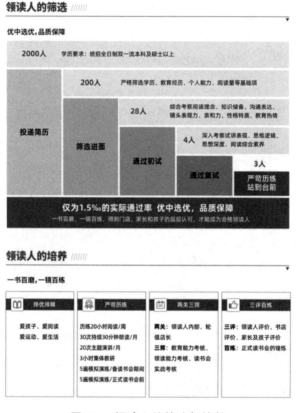

图 9-3　领读人的筛选与培养

2. 严格筛选加盟商，人和理念最重要

从30多家直营店到200多家加盟店，门店的管理和品牌的一致性是关键挑战。"我们做的是教育服务，不是标准的原料和制作工艺，所以，我们的加盟商筛选不是筛选资金和资源，人和理念才是第一位的。"约读书房创始人、CEO杨国茂特别强调，约读书房的加盟商必须经过严格的筛选，最重要的三个条件：热爱儿童阅读事业、具备创业者精神、渴望学习成长。店长如果不具备这三个条件，即使有巨大的资金和资源优势，也无法成为约读书房的加盟商。

从2018年成立专门的加盟招商团队以来，加盟招商团队做得最多的事不是签约，而是面试和拒绝意向加盟客户，约读书房的加盟商面试通过率在60%左右。"加盟信息在给到招商经理之前，要先由客服团队对市场部的咨询信息进行筛选，从合作区域、投资能力两个维度进行第一轮筛选。"约读书房招商负责人单新杰说，约读书房的招商工作最难的不是成交，而是筛选合适的人。通过第一轮筛选的意愿加盟商还需要经历10个环节，历时2～3个月，才能最后正式运营。在这个过程中，缴费后培训前的店长双选面试是由CEO或董事长亲自参与的，重点考察加盟商的愿力（创业初心）、能力（投资能力和运营能力）、战略力（未来规划、项目发展等）。

约读书房的加盟商合作流程如图9-4所示。

图 9-4 约读书房的加盟商合作流程

📈 第二次组织转念，激活品牌价值

如果说2015年到2019年之前的约读书房像朝气蓬勃的少年，迎着阳光成长。那么，2019年之后的约读书房则是经历过生死一线的战士，具备了穿过黑暗，向阳而生的能力。

约读书的阅读场景如图9-5所示。

图 9-5　约读书房的阅读场景

1. 绝处逢生：使命和组织才是生命之源

2019年约读书房正准备依托双师模式的创新，在全国布局1000家门店的战略关键时刻，新冠疫情突如其来，线下门店长时间关店。约读书房被迫调整业务形态，开设社区书店，把书店开在客户可以活动的范围里。2019年到2021年，依托社区书店的突破，约读书房的业务规模维持在200家左右门店，保持着低利润的运营。2021年国家"双减"政策落地，尽管约读书房不属于学科培训的范围，但也有一段时间被波及，让本就不容易的约读书房雪上加霜。

连续3年的经营困境，让约读书房陷入了迷茫：什么才是约读书房跨越经营挑战的核心？一次，混沌创商院组织的徽商古道徒步活动让约读书房创始人、CEO杨国茂找到了答案：困难和不确定性未来还会发生，真正可以传承的是文化，约读书房的使命价值传递才是抵抗经营风险最好的路径。

如何才能最大程度地让约读书房的使命价值传递下去？不是靠一个"人"，而是靠一群"人"。"加盟商不是约读书房品牌使命价值传递的渠道，而是约读书房品牌使命价值传递的一线主体，是和约读书房在一起的一群'人'。"约读书房创始人、CEO杨国茂在公司内部的管理层会议上提出，加盟商不是他们的客户，而是和直营店、总部一样，都是约读书房组织的一部分，且是重要的部分。

加盟店和直营店作为一线直接接触客户的组织前台，在约读书房的组织理念中，加盟和直营只是店长是从外部加入还是从内部转入的区别，如同管理岗的内部培养和外部招聘一样，都是约读书房组织的成员，而品牌总部和数字化技术、产品研发则作为中后台支撑加盟店和直营店的快速发展。

2. 价值升级：构建"品牌—加盟"的大组织系统

既然加盟商和直营店都是一线前台，那赋能体系的中后台该如何支撑呢？"我们把为一线门店赋能的体系比作为汽车赋能的驾驶系统，使命、愿景是目的地，每个门店就是驶向目的地的汽车，赋能系统就是为了让每个门店能够精准、方便、高效地到达目的地。"约读书房创始人、CEO杨国茂提到，约读书房在总部配备了实训中心，为门店店长和团队提供"驾校式"学习服务，保障每位成员持证上岗；组建了商学院，为门店店长及其团队提供"精准导航和地图"式服务，确保每位成员看得清方向和路径；成立了运营中心，为门店和团队提供"4S店保养维修"支撑服务，在门店运营过程中提供各种支持和设备，让门店顺利"抵达终点"。

特别是在门店经营的前三个阶段，重点护航，保证门店顺利进入盈利期。在筹备期（见图9-6），先培训再筹建，降低投资风险；在开业期（见图9-7），一对一带教，抓关键节奏，提升开店成功率；在常规大区运营期（见图9-8），稳定门店利润率，保障健康可持续运营。

约读书房整店输出的七大支持如图9-9所示。

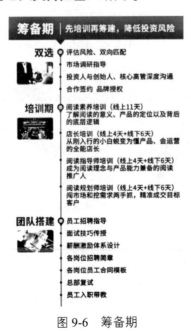

图 9-6　筹备期

开业期 | 一对一带教，抓关键节奏，提升开店成功率

物理门店筹建

- 市场调研
- 筹建部到店选址
- 场地勘测
- 空间规划分区
- 标准化软装物料包
- 资质注册指导
- 竣工验收

招生

- 定价指导，预售指导
- 一对一流量方案设计
- 流量目标制定与分解
- 每日工作流程梳理
- 3次流量节奏带教
- 每日直播流量带教
- 每日总结复盘带教
- 物料准备
- 验收小组到店（财务、产品品控、运营）

试听转化

- 开业督导到店支持
- 读书会流程指导验收
- 转化节奏梳理
- 邀约电话话术
- 家长到店转化动作
- 阅读测评使用方法
- 家长沙龙理念输出
- 总部全流程验收合格
- 3个月完成60个正价会员
- 一对一开业方案设计
- 成功开业

图 9-7　开业期

常规大区运营期 | 稳定门店利润率，保障健康可持续运营

常规运营期

- 大区督导到店实战带教
- 1v1问题诊断、本地化解决方案
- 年度营收目标制定与分解
- 365天精细化运营支持
- 商学院店长认知提升
- 阅读指导师认证及全国技能大赛
- 图书、信息化等资源支持
- 季度大区会议
- 会员服务工具
- 大型全国性品牌活动
- 全年营销活动方案

续约 每年双选评估风险 全程扶持

图 9-8　常规大区运营期

整店输出的七大支持
SEVEN SUPPORTS FOR THE ENTIRE STORE OUTPUT

01 品牌支持
帮助门店快速树立品牌形象，提升品牌知名度

02 产品支持
行业首创《双螺旋分级阅读体系》，专业团队自主研发，数次迭代更新，为门店输出高质量读书会及高水平领读人

03 培训支持
店长、员工上岗训与店面运营日常训，帮助门店快速启动，运营无忧

04 运营支持
全面覆盖门店筹建、招生运营、客户服务、店面管理、商业思维等各大板块，全程为门店的稳定健康发展保驾护航

05 图书物资供应链支持
与国内300+一线出版社达成战略合作，打通集图书、文创、渠道、物流、售后于一体的供应链体系

06 信息化支持
自主研发双师直播系统、图书自动化借还系统、线上阅读能力测评系统，用信息化技术帮助店长减轻门店运营负担

07 专项支持
设备运维、增值产品、活动招募方案，零经验也能轻松运营

图 9-9 约读书房整店输出的七大支持

3. 价值回归：激活个体回归生命向上的状态

在坚定加盟大组织系统理念后，转变原有的组织心智成为约读书房新的挑战。尽管在加盟商赋能的系统流程效率上，约读书房在不断地优化和提升，沉淀了《品牌手册》《筹建标准手册》《产品手册》《阅读指导师工作指导手册》《约读理念说明书》《严选书单推荐手册》等一系列持续更新迭代的标准知识库，以及不定期的实战有效的店长培训和标准化运营物料支持。

在约读书房创始人、CEO杨国茂看来，这些都是针对事的管理，约读书房要构建大组织生态系统，就要跳出小组织的概念系统，回归到组织的最小单元——人的生命状态上，看见每个人的生命状态波动，激活约读书房大生态中的每个人看见自己生命的真实状态，找到生命不断向上的力量。

为此，约读书房在加盟商的商学院里以徒步活动和探讨为主，带着加盟商感受和探索创业过程中的生命力量，激活加盟商的创业热情和创造性。所以，尽管总部对品牌的管理有一系列标准，但同时也有很大的自由空间。

约读书房在总部面向全体员工发布奋斗者计划（创造与客户的成果榜样案例），如图9-10所示，以及长板凳计划（管理者继任计划），如图9-11所示，激发每个员工不断打开自己生命能量的探索。

项目	具体内容
定义	"奋斗者计划"是指激励那些在本岗位上能时刻关注客户需求，以客户为中心，不断成就客户并取得显著成果的一线小伙伴 对象和名额分配：以服务**外部客户**的一线业务岗为主（含主管级）；其他行政类岗门根据岗位性质可选择性参与
目的	激励成就客户有成果的一线小伙伴，发挥榜样力量，践行"客户第一，成就客户"的价值观，通过实现客户价值进而实现公司价值
目标	20人+20个奋斗者萃取案例（3～8月）
启动条件	1）新增门店半年目标完成率≥100% 2）常规学员半年出勤完成率≥100% 上述两个指标达标其中一个 即启动奋斗者奖金
奖金额度	奖金金额=10万元* 整体完成率（新增门店完成率*50%+出勤完成率*50%）
奖金分配	获奖人数平分，即个人奖金=实际奖金金额/获奖人数（9月进行表彰发放）
评选标准	基本入围条件：半年才盘点红绿灯结果为2及以上 评选标准：以一级部门为单位进行；评选标准和入选名单均由一级部门提报
评选流程	1）宣导共识：以一级部门为单位，各部门内部完成"奋斗者"评选标准的宣导，确保达成共识/4月30日前 2）月度公示：以月为单位，各部门内部完成"奋斗者"相关的数据案例公示，并提交给人力资源部备案/5～8月 3）评选表彰：一级部门负责人提交名单审核并组织奋斗者表彰大会/9月 4）萃取案例：人力资源管理部完成奋斗者优秀案例萃取/10月
备注	1）取消资格：经综合评估，如部门半年内未达到如期的效果，取消本部门下半年的参与机会 2）自动退出：部门也可以根据自身情况选择自动退出

图 9-10　约读书房的奋斗者计划

图 9-11　约读书房的长板凳计划

结语："未来属于'非理性'的人——向前看而不向后看的人；未来属于只确信一切都是不确定的，且有能力及信心进行全然不同思考的人。"查尔斯·汉迪在《个人与组织的未来》一书中提到，未来组织内的个人不应该是组织的工具，顺从组织的目标，而是每个追求生命向上状态的人聚集在一起，共同为自己的生命成长而努力。

约读书房只是通过阅读帮助生命成长这件事的发起者、护航者，所以，未来不仅有员工和加盟商，还有会员，甚至更多因为阅读而获得生命成长的人都是约读书房的伙伴。

▶ 混沌教练说 ◀

如何构建营销创新的增长飞轮？

在供应链持续强化的经济大环境下，供给层的价格优势难以让企业在市场上长期占据核心竞争优势，营销创新是企业持续在市场占据一席之地，甚至建立品牌壁垒的重要方式。

营销创新中竞争最为激烈的往往就是内容营销，特别是在IP自媒体的快速传播方式的助力下。然而，好的营销内容必须有强竞争力的产品和高效率的渠道承接。所以，如何构建内容营销、产品营销和渠道营销的增长飞轮是营销创新实现业绩持续增长的关键。

📈 内容营销，明确品牌和客户是谁

混沌创商院提出的创新战略五步法的第一步就是搞清楚"我是谁"，用价值网络和S曲线通过业务发展周期、客户价值网、供应商价值网、友商价值网、资源价值网定义"我"的位置，以及"我"有什么样的价值主张。只有看清楚"我"是谁和"我"在哪儿，才能知道"我"的优势、能力和要去往的方向。

同样，营销创新的第一步也是明确"我是谁""客户是谁"，以及"我为客户创造什么样的价值"，这是内容营销传递的核心价值。在第八章的案例企业中，胡狸姐运营的室内设计IP号，实现粉丝量从166人到70 000+人的自然涨粉，核心就是弄清楚：我是一个拥有20年的私宅设计经验、能让装修既美观又省钱的设计师，持续不断地给目标客户"莫妮卡"输出让装修既美观又省钱的高质量内容，最终实现通过内容营销突破1000万元的业务增长。

不仅是室内设计这类服务产品需要内容营销，线上线下的实物类产品也需要精准的内容营销。第七章的案例企业打造的爆款产品白大师小方片也是通过内容营销单点突围，实现全域流量变现的业绩增长和爆款品牌心智延续。

📈 产品营销，找准客户的需求痛点，确认品牌发展的方向

内容营销虽然能够构建品牌与客户的有效连接，传递品牌的价值主张，但真正沉淀客户还得靠产品。爆款产品营销的核心是要击中客户未被满足的"待办任务"，胡狸姐正是满足了美观与省钱的需求，白大师小方片满足了方便与仪式感的需求，约读书房满足了挣钱与价值实现的需求。所以，营销创新的关键在于，明确定位自己和客户是谁之后，拆解客户的"待办任务"，结合动态的环境变化找到客户的需求痛点。

白大师小方片的爆款产品需求点就是通过茶行业的问题分析，洞察到传统茶行业的营销方式和渠道路径正在发生根本性变化：从外包装营销到内容营销，从生意到关系的传统渠道经营模式变化为从关系到生意的私域营销经营模式。反茶行业的共识：不做全品类，只做三年以上便携福鼎白茶这一件事，击穿产品的同时击穿内容营销点，实现了茶行业的连续爆品突围。

内容营销和产品爆款都能给品牌带来流量和客户，而真正实现客户成交和留

存转化的则是接触客户的触点，也就是渠道。渠道有自建的，也有合作的。随着市场需求的变化速度越来越快，供给同质化竞争的成本越来越高，在快速变化的市场中抢占市场先机成为很多行业的制胜之道。加盟模式因其覆盖范围广、速度快、成本低，逐渐成为大众消费市场中企业主要的经营模式之一。

📈 渠道营销，回归品牌的价值本质，构建品牌增长的飞轮

在推进加盟模式的过程中，大多数企业和案例企业一样，都经历了同样的困境。在初期通过萃取、沉淀直营门店的管理运营标准赋能加盟商的方式，快速实现加盟商复制可变现的商业模式。随着加盟商数量的快速增加，品牌的交付质量难以在多个加盟商中保持一致，特别是对于教育服务这类交付难以标准化的行业而言，更是难上加难。

面对品牌质量标准难衡量、落地周期长与加盟商数量快速增加之间相矛盾的行业两难问题，案例企业经历了先破后立的两次拆解，系统性解决了品牌方和加盟商之间的矛盾，实现品牌方和加盟商的价值共赢，做到了1+1＞2。

📈 组合创新"破"品牌方与加盟商的二元对立

当我们直接看整体事物时，往往是模糊不清的，可是把复杂事物拆解到基本要素的最小单元时，往往能够看到问题的症结，一击即中，解决问题。比如生物学中的各种复杂遗传问题可以通过基因这个最小单元来分析，通过分析个体的基因，可以诊断或预测某些遗传性疾病，如囊性纤维化、镰状细胞贫血等。

在商业领域大多数复杂问题都可以回到供给和需求的结构，进行基本要素拆解，结合趋势分析，对关键要素进行重新组合，找到解决方案，这就是"组合创新"。

案例企业在2018年第一次遇到加盟商快速发展与品牌价值统一性之间的矛盾时，对供给、需求进行了基本要素拆解。

在需求方面，首先，对客户群体进行拆解，将有阅读需求的孩子按年龄分为6个级别，如图9-12所示，L1对应6～7岁，L2对应7～8岁，L3对应8～9岁，L4对应9～10岁，L5对应10～11岁，L6对应11～12岁。对应不同的年龄级别，再从阅读兴趣和阅读习惯2个维度进行分类，分为兴趣激发与拓展阶段、兴趣深化阶段、通过兴趣发展能力阶段，以及基本习惯养成阶段、习惯全面发展阶段和通过习惯提升能

力阶段。其次，对客户的需求进行拆解，对不同级别和阶段的孩子在阅读方法和阅读能力方面的差异化需求进行分析。最后，把需求的基本要素拆解，做成品牌的阅读体系图（见图9-12），同步培训加盟商，确保加盟商和品牌对需求的理解保持统一，明确品牌创造的价值和服务的群体。

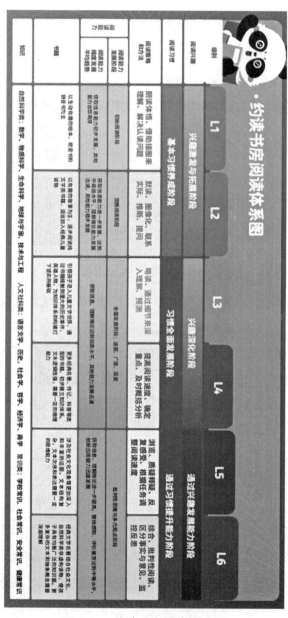

图 9-12　约读书房阅读体系图

在供给方面，从匹配不同年龄级别的孩子在不同阶段的阅读需求出发，分为产品和服务两个维度进行拆解。产品分为图书实物（自己读）和读书会（一起读），服务拆分为：引导、陪伴、分享。对应产品和服务的落地，供给的基本要素为：选书（教研）老师、引导（领读）老师、陪伴（阅读指导）与分享（组织）老师。

面对品牌方和加盟商的矛盾，供给是关键要素，必须清楚哪些要素由品牌方输出，哪些要素可以由加盟商独立运营。案例企业的选书（教研）老师和引导（领读）老师由品牌方统一管理，陪伴（阅读指导）与分享（组织）老师则在品牌标准化赋能的基础上由加盟商独立运营。由此，案例企业的创新双师线上线下运营模式解决了品牌方和加盟商之间标准化输出统一性的问题。

破界创新"立"品牌方与加盟商的大生态

通过供给和需求连接的重新组合，在业务快速发展期解决了品牌方和加盟商的价值输出一致性问题。随着加盟业务的持续深入，新的挑战又出现了：如何倍速增加加盟商数量，以及赋能加盟商深耕区域市场？

市场上的大多数加盟商加入品牌方是为了短期的投资回报，而品牌方通过加盟商快速覆盖全国市场，不仅是为了经济效益，而且是为了战略深耕的长期价值收益。加盟商能不能在短期经济利益和长期价值收益之间选择长期价值收益，这是品牌加盟发展到成熟期势必会遇到的两难问题。

我们思考问题时都有自己内在的认知框架和隐含假设，比如乔布斯在发布苹果手机之前，所有的手机制造商和消费者都默认手机的屏幕和输入键盘是分开的，但乔布斯说它们可以结合在一起。真正的革命性创新来自对现有认知框架的挑战和重构，这就是破界创新。破界创新分为三个步骤：打破原有认知的隐含假设、建立新的基石假设、构建全新系统。

案例企业在经历了三年的至暗时刻后，重新思考了行业内对原有加盟模式的认知：加盟商是企业扩展业务的渠道合作伙伴，是在企业组织系统外的。当品牌方认为加盟商是企业组织系统之外的合作伙伴时，品牌方对加盟商的组织心智是输出模式，总部对加盟商赋能输出。在这种状态下，往往品牌方和加盟商之间是强管理关系，随着管理流程的不断强化，业务创新的活力也会渐渐降低，品牌方和加盟商之间管理效率高了，但市场的创造性低了。

所以，案例企业建立了一个新的认知假设：加盟商是企业组织系统内的伙伴。这时候企业的组织心智则是共创模式，品牌方和加盟商是同一个组织系统之内的伙伴，共同创造符合市场需求的价值品牌。

在这个全新的系统结构中，加盟商和直营门店都是直接面向市场的前台，品牌方则是中后台的赋能支撑，品牌方和加盟商的短期利益和长期价值是捆绑在一起的，是为同一个愿景、使命而共同奋斗、前行的一群"人"。所以，在这个系统中要真正击穿的是价值同频和利益共享。

案例企业的破界思考如图9-13所示。

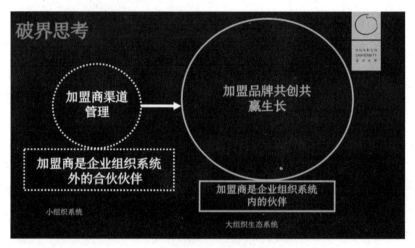

图 9-13　案例企业的破界思考

加盟商与品牌方的价值合一，突围营销创新的底层逻辑

加盟模式在不同阶段的企业发展中会面临各种挑战。在企业的业务发展初期，加盟模式的挑战主要在于，单店的盈利模型的复制性。这个阶段的关键是确保单店的成功不是偶然的，而是可以系统地复制到其他地点。因此，企业需要确保单店的盈利模型具有普遍性，能够在不同地点和市场中稳定运作。

在业务发展的增长期，加盟模式的挑战则转变为标准化管理是否能够有效落地。随着加盟店数量的增加，保持服务质量的一致性和高效的管理成为关键。这个阶段需要建立一套完善的标准化操作流程和监督管理机制，以确保每一家加盟店都能按照总部的标准运营。

业务发展的成熟期，加盟模式的挑战可能会转变为如何维持品牌的新鲜度和市场竞争力。在成熟期，市场可能已经饱和，竞争对手增多，消费者的需求也可能发生变化。因此，企业需要不断创新，更新加盟店的形象和服务，以保持品牌的吸引力。同时，还需要注意避免加盟店之间的同质化竞争，确保每一家加盟店都能保持其独特的市场定位和竞争优势。

无论哪个阶段，对于企业而言，加盟模式都是立足于企业组织的价值观和使命来做出选择的。如果企业的价值导向是快速抢占市场，那么对应的加盟模式要求的就是速度和管理效率；如果企业的价值导向是扎根市场心智，那么对应的加盟模式要求的就是严格的价值匹配和深耕能力。所以，加盟商与品牌方的矛盾最终回归为企业的价值实现。

启发思考题

1. 基本问题

① 业务发展正处于什么阶段?

② 加盟模式遇到的挑战是什么?

③ 品牌要实现的价值目标是什么?

④ 加盟模式对于品牌的价值是什么?

2. 组合创新练习

① 对现有业务的各类需求进行基本要素拆解。

需求分类	统计学维度（年龄、性别、职业等）	社会学维度（行为、关系、文化等）	其他维度
基本需求			
新兴需求			
其他需求			

② 对满足业务主要群体需求的供给基本要素进行拆解。

供给	人	货	场
产品			
服务			
其他需求			

③ 强化加盟管理的新供给要素组合。

3. 破界创新练习

① 加盟模式当下面临的问题是什么?

② 对于这个问题，你的隐含假设是什么?

③ 基于这个隐含假设，请提出一个新的基石假设。

第四篇　技术创新篇

10

第十章 【时代命题】创新技术如何找到现实场景落地，实现商业价值

案例教练： 闫伟伟——混沌创商院创新教练

访谈对象： 李桢——元一畅想COO、混沌创商院14期校友

关 键 词： 创新技术、场景落地、商业价值、元宇宙、数字孪生

痛点场景和关键挑战

最近几年来，由于技术的发展和国家政策的鼓励，越来越多的技术型团队开始创业。但是，即使他们掌握了某些先进的技术，创业的过程往往也不会那么顺利。技术型团队在创业时会遇到哪些痛点和挑战呢？

痛点场景

- 技术团队可能过于关注技术本身，而忽略了市场真实的需求，导致开发的产品无法解决客户的痛点，缺乏市场竞争力，无法找到合适的落地场景，导致技术无法创造商业价值。
- 技术团队可能缺乏创新意识，无法开发出具有独特功能和价值的产品，缺乏差异化竞争优势，导致产品同质化严重，被在位企业碾压，或者无法形成自己的核心优势，只能打价格战艰难生存或退出市场。
- 团队内部对于企业战略、产品方向等关键问题存在分歧，无法达成共识，导致决策效率低下，无法快速响应市场变化，无法高效制定战略，无法形成快速响应市场的产品迭代机制。

关键挑战

- 如何避免陷入供给侧思维，找到市场真实的需求场景，将技术创新转化为商业价值？
- 如何在激烈的市场竞争中，形成自己的核心优势和护城河，打造长期的差异化优势？
- 如何能够在团队内部统一认识，形成快速决策机制和产品快速迭代机制？

▶ 案例故事 ◀

元一畅想：聚焦做减法，跨越虚拟与现实的创新之路

元一畅想是一家专注于数字孪生和元宇宙技术应用的科技公司，2017年成立，创始人谢浩拥有中国传媒大学硕士学位，在计算机图形学渲染算法与产品商业落地方面探索多年，创始团队拥有丰富的三维和三维引擎技术经验，希望将三维可视化技术应用于更具意义的领域。

元一畅想的发展，有两条清晰的路线，从三维建模到数字孪生，从数字孪生到元宇宙，最终形成两项业务并驾齐驱的格局。

知识点解析：元宇宙和数字孪生

元宇宙是一个利用科技手段创建的、与现实世界交互的虚拟世界，它具备新型社会体系的数字生活空间。它基于扩展现实技术提供沉浸式体验，允许用户进行内容生产和世界编辑，并在经济系统、社交系统、身份系统上与现实世界密切融合。

数字孪生是给现实中的设备或系统造一个数字版的"分身"，这个"分身"能实时反映真实设备的情况，还能预测它的未来表现，帮助我们更好地管理和维护设备。比如在建筑行业，它被用于规划、设计、建造和维护建筑物及基础设施。

📈 从三维建模的场景打造到数字孪生

1. 创业初体验（2017—2019年）：真家科技——家装设计自动化项目

创业初期，元一畅想面临的首要问题是资金与项目的来源。幸运的是，元一畅想遇到了东易日盛集团的投资公司，该投资公司被元一畅想团队的创业激情和独特方案吸引，决定联合投资真家科技的家装设计自动化项目，如图10-1所示。他们希望元一畅想先解决东易日盛集团设计师与业主之间的沟通难题，将设计图纸迅速转化为三维模型，让业主能够直观看到家居效果，这不仅真实地还原场景效果，还能直接用于生产，降低设计和生产成本。他们还希望真家科技成为家居装修行业的平台，促进行业的效率提升。

图 10-1　真家科技的家装设计自动化项目

这个项目在东易日盛集团内部获得了成功，却在行业推广中遇到了很大的挑战。因为市场上已存在大量廉价的效果图软件供应商，如酷家乐、打扮家等。这些供应商服务于众多小型家装公司，真家科技难以切入，而与东易日盛集团相似的家装巨头不可能采购竞争对手投资的系统，真家科技的这个项目发展未达预期。

真家科技奠定了元一畅想发展的基石，但元一畅想要想获得长远发展必须开辟新的业务发展道路。

2. 第二阶段（2019—2020年）：地产的未来场景打造

在真家科技项目的实施过程中，他们发现，当时地产行业中普遍采用传统的沙盘模型，这种沙盘无法让客户对房屋内部空间和周边环境有全面的了解。于是，元一畅想采用VR/AR技术和三维建模技术，将房屋的内部结构和外部环境精确还原，形成逼真的三维模型。客户只需佩戴VR/AR设备，就能够身临其境地体验房屋的每一处细节，且元一畅想可以对客户数据进行跟踪和分析。凭借这一创新产品，元一畅想敲开了地产行业的大门，迅速赢得了碧桂园、富力地产等大型地产公司的信任和青睐。

知识点解析：VR和AR

VR即虚拟现实（Virtual Reality），是一种技术，它用计算机创建一个三维的虚拟世界，让你可以通过特殊的设备（如头戴式显示器和手柄）进入这个世界，并与之互动。在这个虚拟世界中，你可以看到、听到甚至感受到各种东西，就像真的在那里一样。VR常用于游戏、教育、医疗、旅游等多个领域，为人们提供全新的沉浸式体验。

AR即增强现实（Augmented Reality），是一种将虚拟信息与现实世界巧妙融合的技术，广泛运用了多媒体、智能交互、传感等多种技术手段，将计算机生成的文字、图像、音乐、视频等虚拟信息模拟仿真后，应用到现实世界中，两种信息互为补充，从而实现对现实世界的"增强"，目标是在屏幕上把虚拟世界中套在现实世界并进行互动。

如图10-2所示，客户可通过三维模型查看地产楼盘及室内展示。

图 10-2　通过三维模型查看地产楼盘及室内展示

但在项目推广时元一畅想又遇到了新的挑战，虽然地产项目的投资都很大，但楼盘展示项目比例很小，客户的决策链很长。决策部门很分散。每家公司的情况又千差万别，全部靠营销人员维系关系，要想获得项目，就要无限扩大销售团队，去覆盖更多的楼盘销售，营销费用成为沉重的负担。

元一畅想选择做减法，只做地产行业集团性质的采购，这样可以一定程度上降低营销费用，但地产集团公司旗下，往往又有很多品牌，其背后又是无数的团队和决策者，而实际运作也很艰难。2019年年底开始的新冠疫情，对地产项目的打击很大，导致其业务量从千万单减少到几十万单，业务额下降了95%。新的探索仍然迫在眉睫。

📈 思考一下

- 在创业初期阶段，元一畅想是如何找到合适的场景，将技术落地，转化成商业价值的？
- 这对你有什么启发？
- 如果可以重来一次，元一畅想团队可能会做哪些改变呢？

3. 第三阶段（2020年—至今）：数字孪生拓展业务

元一畅想团队重新对客户进行了盘点，寻找和触达可以产生批量订单的客户。他们发现，楼盘交付后资产管理就成了刚需，他们的产品被用于楼宇园区、零售店等各种场景，帮助企业实现对设施设备的可视化管理。企业能更直观地了解设备运行情况，及时发现问题，提高了管理效率和安全性，带来了实实在在的经济效益。而地产公司的资产管理部，一旦下单，就是批量的落地机会。从产品开发上来说，也完全可以保持元一畅想产品开发的一致性。这不就是元一畅想想要的客户吗？

更重要的是，这些地产公司往往与大型集成商合作管理资产，地产公司的集成商和合作伙伴又可以成为新的客户，并扩展到各个行业，范围涵盖智慧楼宇、园区、物流（见图10-3）、教育（见图10-4）、医疗等领域。

图 10-3 数字孪生在物流领域的应用

图 10-4　数字孪生在教育领域的应用

随着地产行业的全面走低，数字孪生在地产行业的业务受到了很大影响，但在其他行业的布局，依然可以支持其正常发展，元一畅想在迎接地产业务跳水的挑战中，又走出了一条稳健之路。

开启元宇宙建设的新时代（2020年—至今）

2020年开始，元宇宙的风口来了。当时正值新冠疫情，很多线下沟通和交流都无法进行，线上交流就成了主要的方式，有些复杂的现实沟通场景下，比如线上的招聘会、产销会等场景，需要彼此之间的连接和沟通，这刚好是元宇宙可以实现的场景。元一畅想团队敏锐地觉察到，这是一个很好的商业机会。

元宇宙是什么？简单来说，元宇宙是一个由人类运用数字技术构建的虚拟世界，但同时有现实世界的时间和数字化复制物，能够连接现实世界与虚拟世界，人们既可以在虚拟场景中相互交流和体验，也可以将这些信息和体验带回到现实生活中。元宇宙的应用场景广泛，在教育领域，元宇宙可以实现情景化、沉浸式教学；在社交领域，元宇宙可以打破线上线下界限，解锁社交新玩法；在医疗领域，元宇宙可以提供品质康养和智慧医疗服务。

当时的元宇宙项目，系统的建设成本很高，如大多数在用的Unity 3D和Unreal Engine 4等游戏引擎。这样用户在进入元宇宙的时候就会面临一个两难抉择，下载本地的元宇宙空间动辄要几个G的下载量，或者通过视频流媒体，计算云消耗，使用成本也很高，需要独立显卡的渲染，大约每个小时每个人要8元钱。这对于用户来说，是一笔高额费用。

国内外几家公司发现网页端有一种技术叫WebGL，可以轻量化地解决这个问题，所以，国内外不同的几家公司开始研究这条道路。国外公司有Babylon.js，拥有微软投资，技术实力雄厚，它们的元宇宙平台也拥有美观的界面和丰富的功能，需要高性能硬件设备支持，且成本高。国内大部分公司集中在学术研究，商业化程度较低，尚未将Web端技术广泛应用于元宇宙领域，比较有影响力的蓝亚盒子（LAYABOX）同样是游戏公司出身，依然陷入了"不可能三角"（低成本，轻量化，精美）的困局。

如何能够跨越这个障碍呢？作为一个三维美术场景搭建公司的核心技术团队，过往产品的开发经历，让元一畅想沉淀了对客户需求的洞察能力，他们看到，与行业共识不同的是，客户真正想要的是能够突破地域或空间的限制，想要的是彼此顺畅的沟通，反而对场景的逼真度和精美度并没有这么高的要求，信息传输的低延时才是关键。

于是元一畅想选择用"三维建模+数据压缩"技术来平衡速度与沉浸感和美感，同时实现低成本。核心技术团队将研发的重点放在数据压缩技术（见图10-5）上，将压缩技术做到了极致。元一畅想的元宇宙项目，能在保持一定沉浸感和美感的前提下，让数据看起来更直观易懂，保证虚拟空间加载得快，用起来很流畅，且能实现极致性价比。

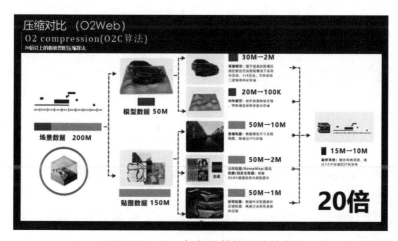

图 10-5　元一畅想的数据压缩技术

　　商业逻辑验证成功后，元一畅想又快速做了一个测试平台验证用户需求的真实性，很快他们就积累了一万多个免费用户和三千多个付费用户，由此可知，他们的推演成立。事实也是如此，他们的元宇宙项目在风口上，一经推出就在业界产生了很好的反响，很多客户慕名而来，他们为大学开发了虚拟招聘会平台，为媒体开发了虚拟直播间，为旅游景区开发了虚拟旅游平台，如图10-6所示。截至2024年6月，元一畅想已经成为国内元宇宙领域很有影响力的供应商。

图 10-6　用元宇宙开发虚拟旅游平台

　　元一畅想的成功之路，不仅展示了其在数字孪生与元宇宙领域的技术实力，更体现了其对市场的深刻洞察，对业务本质的理解，以及颠覆行业常识的创新精神。

▶ 混沌教练说 ◀

洞察客户需求，打破行业共识的技术创新之路

　　案例企业从第一次创业开始，不断调整自己的发展路线，每次遇到问题和挑战，都迫使他们对事物的本质做进一步探究。他们有勇气挑战并颠覆行业共识，

用"够用"的技术满足客户的真正需求，成功避开了与巨头的竞争。他们还通过科学方法进行了逻辑推演和验证，并达成团队的共识，最终走出了一条属于自己的技术创新之路。

案例企业的创新之路，对技术创新型企业是很有借鉴意义的。

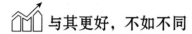 **与其更好，不如不同**

打破行业共识，洞察客户的新需求，结合自己的优势，用错位竞争进入新蓝海市场，并在迭代过程中，构建自己的护城河。

战略杠杆：识别红利，聚焦资源，明晰战略，形成共识

在市场高度同质化的情况下，重新拆解商业构成的基本要素，外看趋势，内挖本土优势，找到核心关键要素，聚集资源，实现客户需求业务增长。

MVP试验：小成本验证客户需求

当客户需求和市场不明朗的时候，通过最小可行性产品验证方案的可行性，再聚焦资源投入，会提高创业成功率。

错位竞争：打破行业共识，洞察客户需求，找到新的蓝海市场

1. 概念定义

与其更好，不如不同！在商业应用中，错位竞争指创新企业避免与在位企业的正面竞争，转而在边缘市场中找到生存和成长的空间。错位竞争的本质是价值网络的错位，它要求企业从需求侧出发，探索新兴市场。这个新兴的市场，刚开始可能是比较小的，但随着时间的推移，新兴市场会长大，成为新的主流价值网络。

混沌创商院的错位竞争模型如图10-7所示。

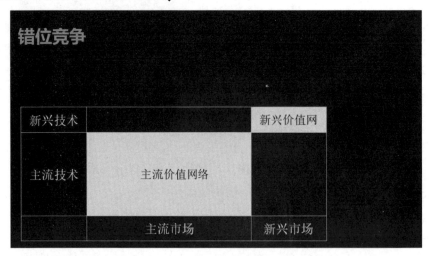

图 10-7　混沌创商院的错位竞争模型

2. 如何应用错位竞争模型

案例企业对市场做了充分的调研，当时的元宇宙项目主要是国外厂商提供的，Unity 3D，Unreal，Babylon.js等的市场占有率为80%，当时的主流市场的共识是，做精美而逼真的元宇宙世界。这是因为他们的前身基本上都是游戏公司，游戏世界，越逼真越精美，则越能吸引用户。2020年元宇宙行业的共识如图10-8所示。

图 10-8　2020 年元宇宙行业的共识

真的是这样吗？案例企业对用户的需求做了充分的调研和思考后发现，用户的需求是很实在的，需要解决现实的问题：如何解决新冠疫情期间多对多的顺畅沟通？这是急迫的、核心的需求，不需要多么精美，更不能昂贵，要能够快速实现，能够顺畅沟通，能够便宜好用。企业遵循商业基本逻辑，才可能实现业务的快速增长。

在业界，有一个"不可能三角"：精美、轻量化、低成本。

主流企业选择的是精美和轻量化，以保持完美的体验感和流畅度，而案例企业则选择轻量化和低成本，放弃精美体验，回归用户的真正需求，快速、低成本地实现顺畅沟通。

2020年案例企业所在行业的反共识如图10-9所示。

图10-9 2020 年案例企业所在行业的反共识

这就真的找到机会，可以大力投入了吗？如果案例企业进入市场，友商又会做出什么样的选择？

2020年案例企业的错位竞争分析如图10-10所示。

错位竞争

竞争对手（商用客户 3D 引擎）	价值主张		关键成功要素/供给	机会重叠度	错位模式
	用户是谁？（使用者）客户是谁？（购买者）	满足了客户的什么诉求	做了什么？	高中低	做不了/看不上
Unreal	运营管理团队；企业市场品牌宣传；产品团队，运营管理部门/管理中台公司，4A广告公司，大型互联网平台公司	给客户提供高沉浸感，高度还原视觉效果	美术以及3D还原度的精细程度	低	看不上，做不了
Unity 3D/Babylon.js	运营管理团队；企业市场品牌宣传；产品团队，运营管理部门/管理中台公司，4A广告公司，大型互联网平台公司	开发者团队提供开源，多种展示方式的变化	程序员的代码学习成本低，更容易上手，并且同时制作了2D、HTML、3D等多种应用方式	中	看不上，做得了
蓝亚盒子	视觉敏感型体验型用户/快速的表达与趣味互动展示公司，宣传公司	为客户提供轻量级AR解决方案服务，增加趣味性与互动性，刺激分享欲望	使用者更容易接触到虚实融合的场景	高	看得上，技术落后（6个月时间窗）
720 云	线上推广的展示公司/需要拓展品牌宣传的公司	帮助客户更好地、低成本地表达真实场景	快速的SaaS服务可以低成本还原线下展厅，一般人就能做	低	做不了
我	**AR/VR 的轻量级展示公司/元宇宙相关公司**	**帮助客户更好地、低成本地表达与交互**	**快速的SaaS服务可以低成本制作3D场景，一般人也能做**		

图 10-10　2020 年案例企业的错位竞争分析

案例企业团队的资源优势是具备丰富的三维引擎技术研发经验，对市场趋势有着敏锐的洞察力，自主研发了模型轻量化技术和三维引擎技术。这些技术不仅降低了元宇宙的门槛，还提供了高效、真实的渲染效果，满足了市场对轻量化元宇宙解决方案的需求。同时，这些技术是商业实践中的积累，也是案例企业的技术壁垒。

元宇宙虽然是个新兴的市场，但对于线上的交互场景来说，有两类玩家：一类是国际巨头，如Unreal Engine 4、Unity 3D和Babylon.js等，由游戏公司演变而来，以创造精美、逼真的体验为价值主张的公司；另一类是国内的以蓝亚盒子为代表的公司，也是游戏公司出身，但有能力在数据压缩技术上追赶上来。

对于或者因为价值主张限制（如Unreal），或者因为成本考虑不划算而实现不了的需求，国内的主要竞争对手如蓝亚盒子，未来或许有能力实现，但至少有6个月的时间窗口。这个事情，在商业竞争逻辑上是可以成立的。

案例企业能够通过错位竞争获得成功，跟他们对客户需求的洞察是分不开的，也跟他们对事物的不断探究，能够打破认知障碍，反行业共识是分不开的。所以他们最终才能真正找到那条虽艰难却正确的道路。

战略杠杆：力出一孔，撬动行业红利

阿基米德说："给我一个支点，我就能撬动地球。"

1. 模型定义

战略杠杆模型就是杠杆原理在商业领域的运用，强调在变化快速的市场环境中，企业需要聚焦于关键的战略要素，以实现长期的成功。这个模型由四个要素组成：战略支点、创新红利、真北目标和战略引擎，这四个要素互相关联，形成一个决策总体。

1）战略支点：不变的一

杠杆必须有支点才能发挥作用，案例企业的战略支点在于，其对技术的持续创新和对市场的深刻理解。让企业用更快的速度、更低的成本置身网络世界的交互，构成了其不可动摇的战略支点。

2）创新红利：十倍速的一

创新可以让杠杆以十倍的速度延长，杠杆越长企业的红利就越大，没有这样的风口是很难撬动真北目标的。元宇宙概念的兴起为案例企业带来了巨大的发展机遇。新冠疫情的出现，将实现场景的迫切性一下升级，这是案例企业能够发展的最重要的红利。另外，技术的发展，浏览器通用接口的去App化，也促进了元宇宙业务的发展。

3）真北目标：长线的一

"真"就是找到企业真正的目标，其实很多企业喊出来的目标并不是真正的目标；"北"就是指引性的长线目标，可以当企业的"指北针"。案例企业一方面关注客户的传播度，另一方面关注客户的变现率，这反映了案例企业对客户的重视及对业务本质的洞察。商业的本质就是帮助客户实现价值。

4）战略引擎：舍九取一

任何个人和企业的资源都是有限的，对于中小企业来说，把自己最擅长的发挥到极致才能突破阻碍，快速增长。战略引擎是指在哪里发力可以抓住红利，完成真北目标。案例企业的战略引擎是在压缩算法上的极致投入。

案例企业的战略杠杆如图10-11所示。

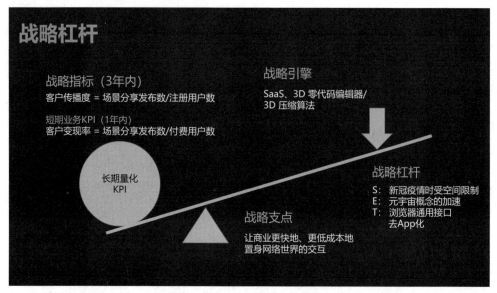

图 10-11　案例企业的战略杠杆

案例企业通过战略杠杆模型，有效地识别和利用市场机会，通过聚焦关键要素实现长期成功。不仅如此，在早期的创业过程中，案例企业创始团队成员对于战略和未来发展的认识是不统一的，当用战略杠杆将所有的思考浓缩在一张图上，以极简方式表达出来的时候，他们对于元宇宙的未来发展在团队内部很快形成了共识，这对于后续的团队凝聚力非常有帮助。

MVP：用最小的成本来验证方案的可行性

MVP是产品开发（特别是在创业和敏捷开发领域）中的一个概念。其核心思想是，用最少的努力和资源，开发出一个具有新的特性，能够吸引早期用户，并验证想法是否可行的最简化版本的产品。这样一方面可以降低试错成本，另一方面也可以让企业快速地进入市场，收集用户反馈，验证产品是否符合市场需求，以及是否解决了用户的实际问题。

一旦这个版本的产品被市场接受，企业就可以根据用户的反馈和需求，逐步增加新的特性和功能，不断完善产品。通过MVP方式，创业公司可以节约资源，避免开发出用户不想要的产品，同时加快产品上市的时间，抢占市场先机。

案例企业的原有定制内容制作工序如图10-12所示。

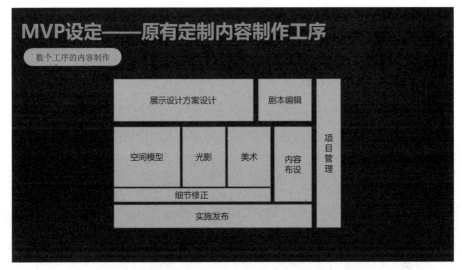

图 10-12 案例企业的原有定制内容制作工序

按照正常的开发流程和工序，不仅非常烦琐，而且人力和开发成本要高达几十万元，周期也很长。而对于元宇宙这个新产品而言，周期是很宝贵的。于是案例企业识别出这个业务最核心的环节：空间模型模板、内容布设和发布，仅需要三步就可以完成3D布展，如图10-13所示。

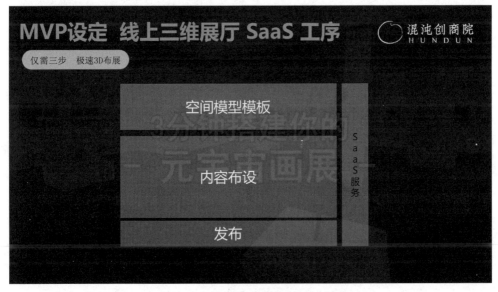

图 10-13 案例企业的极速 3D 布展

案例企业快速开发了测试版的元宇宙平台，提供一些免费的基础服务，并通过定制化开发、数据分析和运营服务等部分收费方式测试用户的付费意愿。他们发现，测试平台开放后，很快就有了一万多个用户，其中还有三千多个付费用户，这就意味着，元宇宙项目是真实存在的需求，用户愿意来，也愿意为之买单。通过这样的验证，降低了创业失败的风险。案例企业的极速3D布展方案对比如图10-14所示。

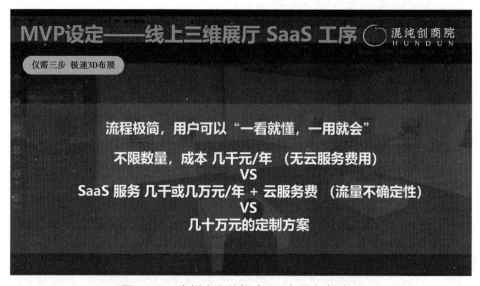

图 10-14　案例企业的极速 3D 布展方案对比

结语

创新之路没有终点，只有不断探索和实践。案例企业的成功并非偶然，它源自对技术持续创新的追求和对市场变化的敏锐反应。在技术创新领域，只有打破行业共识，洞察客户新需求，结合自身优势实施错位竞争战略，才能在激烈的市场竞争中找到生存和成长的空间。

用洞察市场需求的眼睛，捕捉技术创新的机遇；用错位竞争的思维，开辟属于自己的蓝海市场。

启发思考题

技术团队创业，你需要做些什么？

1. 错位竞争：找到你的"蓝海"

① 洞察客户需求：你所在的技术领域，目前主流的客户有哪些？增长最快的客户群体有哪些？还有哪些潜在的客户群体当下尚未进入市场？这三类客户的需求和痛点分别是什么？

② 分析行业现状：你的友商目前主要服务于上面哪些客户？在客户眼中，它们的优势是什么？

③ 寻找蓝海市场：还有哪些客户的需求尚未被友商充分满足？客户经常抱怨的、友商又无法解决的痛点有哪些？

④ 挖掘自身优势：上面找到的尚未被充分满足的需求，客户尚存的痛点中，哪些是你能够解决而友商看不上或者解决不了的？

2. 战略杠杆：找到你的"支点"

① 明确战略支点：你的企业发展的不变根基是什么？

② 识别创新红利：当前的市场环境中，有哪些能够帮助你快速发展的机会？例如，政策红利、技术红利、市场红利等。

③ 设定真北目标：你的企业长期发展的目标是什么？

④ 构建战略引擎：你当下的核心能力是什么？它能否帮你借助创新红利，实现真北目标？未来需构建的核心能力是什么？能否避免友商的复制？

3. MVP：验证你的想法

① 确定核心功能：你的产品/服务的核心功能是什么？能够解决客户的哪些问题？

② 快速开发MVP：如何用最少的资源和时间，开发出一个具有核心功能的简化版本的产品/服务？

③ 测试市场反馈：将MVP推向市场，收集客户反馈，验证产品/服务的可行性和市场需求。

④ 迭代优化：根据客户反馈，不断优化产品/服务，增加新的功能和特性。

11

第十一章 【时代命题】传统行业如何借助技术力量转型，找到未来发展新机会

案例教练：闫伟伟——混沌创商院创新教练，陈志强——混沌创商院创新教练

访谈对象：陈辉——安徽好念头董事长、混沌创商院南京校区 9 期校友

关 键 词：传统行业、技术创新、数字化转型、组织心智、独立小机构

▶ 痛点场景和关键挑战 ◀

传统的第一产业在科技进步和市场变化的双重冲击下，正遭受着前所未有的挑战。一方面，是各种新技术、新工具的应用，给这个行业带来了全新的生产运营方式；另一方面，面对消费需求的变化，这个行业的企业显得有些无所适从。

痛点场景

- 第一产业是真正的靠天吃饭的行业，生态环境甚至天气的细微变化、畜牧养殖过程中的疾病等问题，都有可能给行业带来巨大影响。
- 在第一产业里，核心的畜牧养殖环节，仍然以零散化、人工化为主，高度依赖人的主观经验和操作技能，限制了整个产业的更新升级。
- 传统行业往往需要重资产经营，技术投资的特征是高投入、长周期。最近十几年消费者市场发生了巨大变化，传统的生产、供应模式，明显已有落后于市场的趋势，急需围绕市场需求进行产品和品牌重塑。

关键挑战

- 如何消除外部不确定性，把一个靠天吃饭的行业，用技术创新实现内生式增长？
- 重资产、高投入、长周期行业，如何在技术投资见效慢和避免过度投资之间做好平衡？
- 传统行业的企业如何把握客户需求变化，在供给侧的技术投资和需求侧的客户价值增长之间做好平衡？

▶ 案例故事 ◀

新联禽业：小鸡蛋成就大梦想——传统养鸡场的技术创新之路

1982年，一句"此处孵鸡"的广告语，开启了新联禽业两代人的梦想与努力。

第一代领军人陈会红，把这个只有200只蛋鸡的小养鸡场，发展成了安徽宿州的知名企业。到2002年，第二代人领军人陈辉用一串代码，开启了新联禽业技术化养鸡的新故事。

科技赋能：科学养鸡新模式

陈辉是计算机专业毕业的名牌大学生，他刚到新联禽业时，这家企业还延续着最传统的粗放养殖方式。鸡舍的环境、饲料的控制都靠工人经验，所以鸡苗很容易生病，而养殖业最怕的就是出现流行疾病，这是当时整个行业都面临的难题。因为流行疾病，行业内倒闭的企业数不胜数，新联禽业也曾因为流行疾病屡次遭遇危机。

只有通过技术手段，建立养鸡场自动化控制系统，才能解决这个问题，这样一来不仅新联禽业能因此得到发展，也会推动整个行业的进步。2002年，中国电子商务才刚刚萌芽，那一年，接触过互联网的中国网民才3000万人。要在一个三线小城，一个传统到不能更传统的行业里建立一套自动化养鸡场管理系统，背后的难度可想而知。

找科研机构合作、自建技术团队，新联禽业一点点摸索着适合养鸡场的智能化设备和技术。引入智能饲喂系统，能够精确控制每只鸡的饲料摄入量，确保营养均衡，从而提高鸡蛋的营养价值。通过物联网技术管理养鸡场，对养殖环境进行智能调控，确保鸡舍内的温度、湿度和空气质量达到最佳状态，为蛋鸡提供舒适的生长环境。

到2016年，新联禽业的自动化系统建设，初具规模。走进新联禽业的养鸡场，就像走进一个全自动的物联网工厂。鸡舍不仅有系统监控包括高温、停电、上料机故障报警等问题，还会利用物联网传感器监控鸡舍内的温度、湿度、气压、风速等参数，保证鸡舍有适宜的温湿度和空气质量。连鸡舍的接缝转角等处都做了特殊处理，让鸡舍在密闭情况下有适宜的空气流动，让鸡住得更舒适。

到了喂食的时间，只需按动按钮，就可以完成喂料、喂水、清除粪便、调控舍温等工作。鸡舍内，也闻不到传统养鸡场里刺鼻的异味，因为鸡粪还来不及发酵就被输粪带直接运走了。"计算机+养鸡"相结合，新联禽业把养鸡场的风险和成本降下去了，鸡蛋的安全和品质却提上来了。

为了加强蛋鸡的健康监测，新联还自建了生物实验室，鸡场的每只鸡从其父母代甚至更早就开始了监测。平时要用平板凝集试验来抽血做抗体检测，同时通过血清检测来确认有无禽流感等流行性病毒和沙门氏菌等有害菌感染。一旦有阳性鸡就要严格淘汰和净化，杜绝了流行疾病的大面积发生。

新联禽业的技术创新不仅解决了流行疾病问题，还大大降低了生产成本，即使行业竞争陷入拼价格的血海战，新联禽业仍然可以占据着竞争优势，立于不败之地。

经过十几年的不懈努力，新联禽业鸡苗存笼量十多年的时间翻了十多倍，产品质量也得到稳步提升，成为当地养殖行业的标杆，带动了行业的技术革新和生产水平。

📈 战略转型：只为一枚好鸡蛋

新联禽业不断提升养殖效率的同时，却发现自己的所有努力仍然只是整个生态中的一部分。从终端产品鸡蛋来说，整个产业是不可控的，谁也不能保证送到顾客餐桌上的是一枚健康好鸡蛋。

新联禽业当时面对的产业链现状是，蛋鸡行业是一个高度分散的行业，但养鸡场和经销商以及无数的个体养鸡户的业务界限不可区分，所以他们各自供应的鸡蛋没办法追溯来源。这也就意味着，即使新联禽业严格控制鸡蛋的质量，也没有办法使其鸡蛋被识别出来。在这样的情况下，价格就成了人们选择鸡蛋的唯一标准。当人们都开始只是盯着价格和产量的时候，鸡蛋的品质就没有办法保障了。

一方面，随着生活水平的提高，人们吃到健康美味的好鸡蛋变得越来越重要，越来越多的人开始追求土鸡蛋。但另一方面，陈辉很清楚，由于生产过程不可控，山林里的鸡吃的食物，喝的水，其实都是很难保证的，鸡生病的概率增加，用药安全又会是个问题，所谓的土鸡蛋，并不一定就是健康的好鸡蛋。

怎么才能打造一枚健康的好鸡蛋呢？就必须使鸡蛋从育种、养殖到销售的全流程可控，别无他路！

新联禽业采用了一种不同寻常的方式育种——反向育种，找到更接近原始状态的鸡。这些鸡成长慢，下蛋周期长，坚持五年多，新联禽业终于培育出优秀的始祖黑鸡。这些始祖黑鸡羽毛呈黑色，有凤冠、五爪，接近本土原生土鸡品种，体质好，免疫力强，产下的蛋品质好，蛋黄比例高，蛋白营养丰富，是极佳蛋鸡，也是新联禽业拥有自主知识产权的核心品种。

同样，在培育品牌鸡蛋的过程中，新联禽业也秉持"慢慢养，才会好"的理念，让鸡蛋品质有了全面的保障。在新联禽业的养殖场，不仅饲料的配比科学有效，而且养育的过程也采用了不同寻常的"慢养"，蛋鸡全程平均每两天产一枚鸡蛋，这样鸡蛋就不再"早产"，蛋黄中有足够的卵磷脂，营养更丰富，口感也更好。而新联禽业多年积累的数字化、智能化的经验，使其不仅能把控关键环节，而且能让鸡蛋品质有保障，还让其快速复制产能成为可能。

此时的新联禽业，经过多年的努力，已经建立饲料厂、种鸡场、养鸡场等，还打造了各个系列产品。由于前面的努力，这些业务基本上都是盈利的。那么，如果新联禽业要做品牌蛋品，是做一个子产品，还是聚焦做品牌鸡蛋？

国内的蛋品市场需求巨大，品牌鸡蛋的占有率尚不足10%，即使是所谓的品牌鸡蛋，也是鱼龙混杂，真正有品质保障的品牌鸡蛋，寥寥无几。新联禽业对这个市场进行分析后发现，一枚好鸡蛋的背后，是基础系统的建设，这并不是一时半会儿就能建立的，而新联禽业经过十几年的努力，已经完全有能力提供品牌鸡蛋。

在市场发展的前期，能够抢占客户心智，并占据更多的市场份额，是极其关键的。看到这些，陈辉心中坚定了难而正确的选择：创办一个全新的鸡蛋品牌——好念头。

对于这个战略选择，高管团队都不理解：我们现在的日子已经很好了，好不容易打下来的"江山"，为什么要自己断送掉？于是整个高管团队都开始抵触这一战略选择，其中也包括老厂长陈会红。面对重重压力，陈辉没有退缩，而是无比坚定地坚持自己的新路线。饲料厂不再对外营业，只为自己的养鸡场供应饲料，育种项目不再孵化其他鸡苗，只孵化始祖黑鸡，蛋鸡之家只做"好念头"鸡蛋。

当陈辉决定连传统的蛋品业务也放弃，只做品牌鸡蛋的时候，他的压力到了极点。但他还是以强大的魄力，解散了不能跟上新战略选择的老团队，坚决支持新业务团队，支持新业务团队的业务创新。

谈到这一段经历，陈辉眼里都有泪光，然后又无比坚定："我已经能够清楚地看到蛋品行业的未来，这是一个足够专业也足够大的市场。我们新联禽业，就是要为每一个中国人提供好鸡蛋。"

到了2020年，新冠疫情的到来，让蛋品行业线下渠道的销售困难重重，毫无起色，但线上销量在上涨。陈辉及时更新了鸡蛋的销售模式，拓展出直播、网店等线上运营渠道，为新冠疫情期间持续满产奠定了基础。

2021年，"好念头"品牌鸡蛋入驻淘菜菜平台，在半年内成长为安徽省社区团购平台品质鸡蛋头部。同样是在这一年，"好念头"全面转型线上渠道，采用产地直采的模式，大幅缩减了流通环节，降低了中间成本，将更多利润实打实地让渡给源头蛋农和消费者。目前，新联禽业已经形成了线下外部渠道、直营渠道与线上私域流量、公域流量相结合的销售模式。

而随着新媒体的兴起，陈辉瞄准了电商渠道。2023年4月，"好念头"在杭州成立新公司，陈辉亲自带队，主攻电商渠道。仅用了半年时间，新公司的销售额持续攀升，月GMV接近千万元，截至2024年10月，其月GMV已达1500万～2000万元。陈辉的尝试再一次取得了成功。

▶ 混沌教练说 ◀

传统行业转型，夯实基本功，全局找机会

案例企业的成功转型是一个值得深入探讨的案例，案例企业的领导者以自己20年的努力，展示了一个有情怀、有思想的企业家是如何用技术的力量，夯实自己的基本功，拥抱时代的变化的。

案例企业的发展，在完成新老领导者的交替后，有三个明显的发展阶段。

第一阶段：业务提效阶段。案例企业开发出自动化养殖系统，不仅提高了生产效率，还通过物联网技术实现了对养殖环境的精细化管理。这种技术的引入，不仅降低了人力成本，更重要的是，提升了产品的质量，使得每一颗鸡蛋的生产过程都能得到有效监控和追溯，大大提升了消费者对产品的信任。

第二阶段：业务拓展阶段。案例企业在夯实第一曲线后，在原有业务基础上，拓展业务边界，从单一鸡苗业务，形成全产业链的平台，这一阶段积累的资源和能力，为下一步的战略选择奠定了坚实的基础。

第三阶段：聚焦发展阶段。通过洞察市场变化，案例企业做了战略取舍，从饲料到鸡苗，都不再对外销售，将资源聚焦在品牌蛋品"好念头"上，不仅满足了消费者对高品质鸡蛋的需求，还用技术的力量，给自己打造了护城河。

而通过差异化的市场定位，通过直播、网店等新渠道，新联禽业在众多竞争对手中脱颖而出，成为蛋品市场的佼佼者。

案例企业的发展，看起来是以技术为主导的企业创新案例，而在企业发展的背后，是领导者及其团队的认知不断发展和成长的体现。案例企业的成功不仅仅是一个技术创新的故事，更是一个关于领导者及其团队不断成长的过程。

在这个过程中，案例企业以技术创新驱动增长的战略思考，可以总结以下几个方面。

（1）破界创新：案例企业没有把行业传统的共识当作自己创新的边界，反而从困扰客户、企业、行业乃至产业的问题出发，通过反共识的解决方案找到企业创新的机会。

（2）"一"战略：案例企业的领导者不断学习和成长，并影响自己的团队，对时代变化和客户需求的变化有敏锐的洞察力，并能够从系统的视角，发现新的机会，用舍九取一的魄力，实现破局。

（3）组织心智和小机构：在这个过程中，也是新旧意识不断碰撞和融合的过程，传统企业原有的成功经验会成为组织的模式，而在创新中，则可能成为阻碍，企业必须能够完成组织心智的转化，独立小机构是新业务得以生存和发展的核心关键。

技术的力量是强有力的推动力，但只有回归到商业的本质及自己的初心，才能最终实现商业价值。

破界创新：从问题出发，寻找反共识的解决方案

养殖业面临的最大威胁就是天灾。以鸡的养殖业为例，一旦出现如"禽流感"之类流行疾病，对企业就是致命打击。但如何控制风险，似乎"分散化养殖""早发现、早隔绝"已经是公认的解决方案了。

但也许案例企业的接班人恰恰是养殖业的一个"外行"，所以他没有接受这一共识的答案，反而尝试一个新的方式去解决。在混沌创商院，我们有一个工具来协助寻找非共识的解决方案——双因法，它包含相互平行的两部分，下问原因、上问目的。在防控流行疾病风险这里，更符合下问原因的逻辑。

鸡群集体暴发传染性流行疾病是企业需要解决的麻烦，而这个麻烦暴发的主要原因是，养鸡场的卫生条件不佳，导致粪便、饲料残渣成为细菌、病毒等病原体的温床。而卫生条件不佳的原因，又在于这项工作大范围依赖人工，琐碎而麻烦，又难以监管。那么，釜底抽薪的解决方案，就是找到一个非人工的、可监管的保障养鸡场卫生条件的方法。所以，案例企业用物联网技术做监管，用自动化、智能化技术完成鸡舍的卫生管理。

同时，鸡群暴发传染性流行疾病还有一个非常容易忽略的原因是，鸡苗本身的抵抗力乃至先天体质不佳。"智能化技术+物联网技术"，能够对鸡群实现控温、控湿、控食、控水，最大限度保障鸡苗后天体质和抵抗力，但无法解决先天性体质不佳、抵抗力缺陷的问题。而案例企业后续在实验室和基因检测等方面的研究投入，就进一步弥补了这个漏洞。我们可以看到，技术本身并不是灵丹妙药，也

没有点石成金的魔力，不是更新设备、增加技术投入就必然带来产业升级和业务增长。能够创造价值的技术创新，大多锁定了业务的关键性问题，并用技术来釜底抽薪地解决了这个问题，从而创造价值。

案例企业带来的启示还不止于此。当企业用技术创新解决了蛋鸡养殖中的流行疾病防控问题之后，另一个问题就浮现了：鸡蛋产业的竞争历来是零散化的、同质化的竞争，价格战是常有的。这样一来，即使案例企业做了技术创新，把自己的养殖环节做得再好，也无法改变这个行业的竞争环境，也就无法通过产品提价来增加利润。那么前期的技术创新，就无法在短期内看到财务回报，只能通过未来一个较长的时期降低疾病流行风险来创造价值。或许，这也是行业迟迟没有大面积采用自动化、智能化技术和物联网技术来养殖蛋鸡的原因。

双因法的另外一个角度是上问目的，就用这个方法来分析一下这个问题。

蛋鸡养殖场引入技术创新的目的是减少疾病流行损失，而减少疾病流行损失的目的是提高养殖业的利润率。而提高利润，除了减少疾病流行损失外，还有一个达到目的的方法是，提高产品品质，从而提高产品单价。

案例企业此前已经为防控疾病流行而建立了实验室，进行了鸡苗的选种和育种。后续又在此基础上，继续沿着提高鸡蛋的营养价值进行选种和育种。而且，在养殖环节实现自动化、智能化之外，又继续把饲料、培种等上下游环节进一步纳入技术革新的范围中来。用技术创新来尝试解决行业的第二个问题：同质化竞争、劣品低价竞争。

综上分析，我们可以看到，案例企业在一个靠天吃饭、零散化、同质化的传统行业里，从行业问题出发，借助技术创新实现内生式增长的具体方法。借由这个案例，我们自己获得的思考是，在做技术创新的时候，我们需要首先思考的三个问题：

（1）当下的业务存在的哪些关键性问题限制了整个行业的升级增长？

（2）这个问题出现的原因是什么？原因背后的原因又是什么？是否有技术创新的手段能够釜底抽薪式解决这个问题？

（3）解决这个问题的目的是什么？目的背后的目的又是什么？是否有技术创新的手段能够绕过当下的麻烦，直接达成这个目的？

"一"战略：思考问题本质，系统落地战略

破界创新这个方法，双因分析这个工具，可以帮我们分析是否需要做技术创新，哪里可以做技术创新。但企业还经常遇到的挑战是：如何在快速见效和避免过度投资之间做好平衡，如何在供给侧的技术创新和需求侧的以客户为中心之间做好平衡，找到一条合适的技术创新路径。这条路径本质上就是企业的技术创新战略，混沌创商院针对业务战略的思考框架就是"一"战略。

"一"战略有灵魂三问：

第一，什么是"一"？

第二，击穿什么？

第三，怎么进化？

"一"是对业务的价值主张的本质思考；击穿什么是指，在边界内给自己找一个解决方案，锁定资源的聚焦点（单点）；怎么进化是指，把两者连在一起不停地迭代、反馈，最终成为一个持续成长的系统（不断迭代的核心竞争力和价值反馈指标）。"一"战略的灵魂三问阐释如图11-1所示。

图 11-1 "一"战略的灵魂三问阐释

落到技术创新战略这个特殊的问题上，上面的灵魂三问就体现为：

什么是"一"——业务的本质是什么？技术创新期望解决的问题是什么？能给当下业务创造什么增量价值？

击穿什么——技术创新的切入点是什么？如何能够用最少的投资，最大效果地创造更大的客户价值？

怎么进化——技术创新基于过往的什么能力？未来又能给企业带来什么核心能力沉淀（推动什么能力迭代）？又能通过什么指标来检测技术创新带来的客户价值增长和企业自身业务增长（产生什么反馈）？

"一"战略需要根据具体的业务发展阶段来分步骤制定。以案例中的企业为例，在三个不同的阶段，企业需要关注的问题也是不同的。

在业务提效阶段，业务的价值主张也就是"一"通常是不变的，那么技术的切入点就是要解决限制业务效能的关键卡点问题。如前面双因法的分析，一开始案例企业最核心的业务就是蛋鸡养殖，而关键卡点问题是"死亡率高"，或者说"流行病风险高"。最终，案例企业通过引入现代化养殖体系解决了这个问题，更重要的是，这个过程他们沉淀了核心能力：鸡苗选育能力、养殖场的工业化运营能力。这一阶段，技术革新效果的反馈指标应该是"存活率"或"存活周期"。

在业务拓展阶段，业务的价值主张会扩张。但支持企业做扩张的前提是，过往沉淀的核心能力已经能够外溢，具备创造新的客户价值的潜力，而业务扩张只是把潜力发挥出来而已。案例企业沉淀了鸡苗选育能力、养殖环节的工业化运营能力，将这个能力进一步发挥出来，企业有望解决长期以来困扰蛋鸡养殖，乃至鸡蛋产业的质量参差、同质化竞争的问题。所以，重新整理的"一"战略变为：业务的"一"是提供更高营养价值、更有健康效益的鸡蛋。那么技术革新的切入点就不再是已经解决的蛋鸡养殖环节和高抗病能力的蛋鸡育种环节，而是整个鸡蛋产业链的工业化运营，加上高营养价值的蛋鸡育种、选种。而企业需要沉淀的核心能力就迭代为全产业链的工业化运营能力、优质蛋鸡品种。反馈指标是鸡蛋的营养价值是否稳定且显著提高。

在聚焦发展阶段，业务的价值主张会重新明确和收缩，目的是在一个细分领域能够建立自己的护城河，从而搭建起能够长期持续经营的业务。案例企业在此阶段做了业务整合和聚焦，完全把自己的对外业务收缩到了鸡蛋零售业务，原有的饲料、蛋鸡养殖业务不再对外提供服务。这时候，企业的技术革新已经基本完成，资源聚焦的单点就不再是技术革新，反而回到了品牌建设、渠道推广。未来，案例企业最需要沉淀的就是"好念头"的品牌力，这将成为企业未来的无形资产和避免行业内卷的护城河。这是一个长期的过程，所以反馈指标需要根据业务推进情况来具体制定，先验证"价值假设"——C端消费者是否接受"高营养的鸡蛋"

这个产品理念；再验证"增长假设"——消费者是否能越来越多、不断复购，同时自己的产能供给的增速是否能够匹配；最后验证品牌是否已经被消费者广泛接受，让目标消费者一想到鸡蛋就联想到"好念头"。

回顾三个阶段，我们可以看到，技术创新对案例企业而言更多是"方法"而不是"目的"。企业可以靠技术创新来解决阻碍业务增长的核心问题，用技术的持续创新来构建护城河。但最终技术创新要始终为业务的"一"服务，要用价值反馈指标时刻检视技术创新是否达成了预期目的。当核心问题不能靠技术创新来解决的时候，也要懂得"适可而止"，因为"过度"的技术创新只会造成无谓的浪费，反而成为消费者厌弃的"营销噱头"。

挣脱组织心智的束缚，用独立小机构

传统企业在技术创新的过程中，还经常遇到的一个问题是，被固有观念限制，内部无法达成共识。一个企业的发展，是外在的呈现；而决定企业发展的，是企业的文化；决定企业文化的，是组织的心智。

组织心智就是企业文化、价值观、使命及企业隐藏规则，它们源于企业过去的成功经验。而在传统企业的发展道路上，真正阻碍企业前进的，并不是外在的困难，而是内在的束缚。很多创造了辉煌的企业家，并没有延续成功，而是困在自己的局里，正是过去的成功经验，束缚住了创新。这就是创新者的窘境。

案例企业也曾面临这样的困境。

在新旧两代领导者接替的时候，就面临两代领导者经营理念不同的问题。新的领导者默默在自己负责的领域中用努力做出了成绩，取得了老厂长及整个公司的信任，然后才有了后面十几年的共同努力，奠定了案例企业的技术创新基础。

到了2021年，案例企业遇到了创业以来的最大的战略路线冲突：当新的领导者决定要将其他业务关闭，并聚焦在品牌蛋品上的时候，所有人都反对。即使是为新业务引进了新的人才，团队配合也有很大问题；即使是CEO力挺的新业务负责人，也无济于事，团队成员在行动上没有积极性。此时的案例企业的业务转型举步维艰。看到这个组织模式，新的领导者知道必须做出选择，最终他停掉了无法与新业务战略相一致的元老们的职务，新业务由此才得以真正地发展和成长起来。

"在不连续的时代，除非是企业领导层有所异动，从而引进了更新、更适当的心智模式，否则原班领导者是不可能放弃现行心智模式的。"这是理查德·福斯特莎拉·卡普兰在《创造性破坏》一书中的观点。

人的心智模式一旦形成，改变很难。对于传统企业来说，如何不被旧的心智模式困住，是非常重要的事情。正如曼德拉刷新了微软一样，案例企业通过系统的学习，认识到刷新组织心智的重要性，完成了组织文化的重大革新，才有了业务转型的成功。

2023年，案例企业又面临业务的转型：从以线下销售为主，转到线上销售。这对于案例企业来说也是一个巨大的转变，因为原有的经营都是线下渠道，新的销售方式对于其来说完全是新的模式。当时案例企业有两个选择：一个是在总公司用独立的团队探索线上发展模式；另一个是成立独立的团队，不仅是组织上独立，还要在物理空间上隔离，到新媒体发展水平较高的杭州去，在杭州开展全新业务，可以实现与原有组织的完全隔离。

于是案例企业在杭州租了一间办公室，招募新的伙伴，重新开始了线上直播的业务探索。仅仅半年的时间，他们的网上销量很快直逼原有的头部企业，成为鸡蛋行业的一匹黑马。与此同时，案例企业也开展了广泛的渠道合作，入驻了各大电商平台和社区团购平台，销量开始直线上升。他们的好鸡蛋，终于开始进入更多中国家庭！

"创始人的认知边界，就是企业发展的边界"，案例企业的成功转型，离不开创始人不断突破自己的认知舒适区，不断学习和成长，并充满智慧地带领团队突破原有的认知模式，建立新的企业文化，这是非常值得每位要带领企业转型的创业者学习的！

启发思考题

1. 如何制定你的"技术创新"的"一"战略?

① 什么是"一"——业务的本质是什么? 技术创新期望解决的问题是什么? 能给当下业务创造什么增量价值?

② 击穿什么——技术创新的切入点是什么? 制约业务发展的关键麻烦是什么? 它为何会出现? 什么技术方案能够解决这个麻烦?

③ 怎么进化——技术创新基于过往的什么能力? 未来又能给企业带来什么核心能力沉淀（推动什么能力迭代）? 又能通过什么指标来检测技术创新带来的客户价值增长和企业自身业务增长（产生什么反馈）?

2. 如何组建你的技术创新团队?

① 作为领导者, 你认为当下团队的组织心智与创新战略的匹配度如何?

② 如果要推动创新战略落地, 起步的独立小机构应该包含哪些职能? 需要配备哪些资源?

12

第十二章 【时代命题】企业如何做单项冠军

案例教练：白露明——混沌创商院教研负责人，方强——混沌创商院

访谈对象：刘学森——华碧创始人、混沌创商院5期校友

关 键 词：技术创新、光伏产业、巨头竞争、核心能力

▶ 痛点场景和关键挑战 ◀

世界经济整体处在康波周期下行通道已成共识，受全球经济形势影响，消费支出在下降，市场需求受抑制。经验表明，越是在这样的经济周期里，人们越会通过科技寻求生产力的突破，因此科技创新支出越是会上升。

在当今竞争激烈的商业环境中，中小企业面临诸多挑战，但"专精特新"为中小企业开辟了一条独特的发展路径。技术研发与应用已经成为关键驱动力，助力中小企业突破瓶颈、实现商业增长。国内有一家研发创新企业，在行业巨头林立的光伏技术研发领域的夹缝中发现了新的机遇，这家企业就是华碧。本案例深入剖析了华碧依靠技术创业，凭借研发做创新，最终在市场中脱颖而出的历程。这个案例将为更多中小企业提供宝贵的借鉴与启示。中小企业转向"专精特新"的过程中，通常都会面临下面的痛点场景和关键挑战。

📈 痛点场景

- 从技术研发到变现的周期很长，在这过程中，企业需要持续地为研发投入，而研发成果具有偶然性。与此同时，市场环境和用户需求却总在不断变化。
- 与中小企业相比，行业巨头通常都很重视技术研发，因为它们的资金、人力及市场份额都更占优势。所以，中小企业在技术创新的过程中，一方面需要避免和行业巨头在同一个方向上比拼，以免被资源越拉越远，另一方面需要时刻提防行业巨头的模仿、复制和后发先至。

📈 关键挑战

- 企业需要推动技术供给和市场需求的动态匹配，如何才能保障企业的技术研发成果转化为商业价值？
- 中小企业走"专精特新"路线的第二个挑战是，如何能够找到独特的创新方向，在行业巨头进入这个领域之前形成自己的壁垒？

▶ 案例故事 ◀

华碧：如何与大象共舞

📈 华碧为何关注新能源和光伏领域

1. 偶然发现的消费者痛点

2018年，特斯拉中国工厂破土动工，标志着汽车工业电动化、智能化时代的到来，燃油车向电动汽车和智能汽车转型的历史潮流势不可当。面对这一变局，刘学森一方面深思如何将检测业务从传统燃油车赛道转向电动汽车的新蓝海，探寻业务增长新动能；另一方面也在苦苦求索构建华碧核心竞争力的新路径。

某天，刘学森为自己新购置的电动车申请安装充电桩，发现还要到电力厅排队取号，手续特别麻烦，那时候他冒出一个想法：电动车以后会越来越多，但充电会变得很麻烦，因为不是每个车位都带一个充电桩。于是他就想能不能实现电动车自身发电、边走边充电，以此解决电动车充电困难与续航里程焦虑的难题。

对于当时的华碧而言，这个想法似乎有些异想天开。但乔布斯曾说过："只有疯狂到认为自己能够改变世界的人，才能真正改变世界。"依托材料学专业背景，一年多的时间内，刘学森沿着应用场景研究了所有有可能实现这个想法的技术，包括可控核聚变、液态甲烷、氢能、风能、热能等。最后，他发现薄膜光伏发电这一技术最有可能实现这个想法。

而在当时，在全球能源体系转型与科技浪潮的交织驱动下，可再生能源即将步入主流舞台，并以光伏发电为翘楚。在2018年的时候，全球十大光伏组件制造商排行榜上，九席为中国企业所揽，前五强更是全数来自华夏大地；而全球十大硅片生产企业的榜位也尽数被中国企业摘取。2019年，中国的光伏组件产量占全球市场份额的67%；硅料产量占全球市场份额的88%；电池组件和硅片产量分别达到全球市场份额的77%和近乎全部的98%。这些数据展现了中国光伏行业在全球范围内的绝对领导地位。

2. 光伏技术的应用场景和产品类型

在2019年前，光伏领域最关键的技术环节是电池材料：市场占比最高的是晶硅材料，已经发展近60年，量产产品的生产成本、光电转化率等核心指标接近理论极限；同时，行业的集中度也最高，头部5家企业的市占率达到69.3%。这些产品的主要应用场景是集中式光伏发电站，以及屋顶分布式光伏发电站，无法满足汽车充电使用的场景。

而此时钙钛矿作为新光伏材料，它的理论光电转化率更高，且原材料更便宜，生产加工要求也更低。但因为是新光伏材料，它在量产上面还有一些问题，主要卡点是：材料稳定性限制了产品寿命，生产工艺不成熟导致大尺寸量产难度高、良品率低。当时的宁德时代、隆基股份等行业巨头也在这个方向上推进研发，国内光伏领域的其他4000余家研究机构也在尝试突破技术壁垒。毕竟钙钛矿光伏具备的轻质、柔性、弱光发电、透明度可调、颜色可设计等特质，使其在未来的商业化应用场景更广阔，例如，电动汽车、低空飞行器、手机、电脑，以及户外露营、建筑、军工等领域。

3. 华碧和同行的机会

如果能够突破钙钛矿光伏材料的技术研发，优化产品性能设计和实现工程化量产落地，那么将会掀起一场新的光伏技术革命。这个机会属于华碧，也属于所有光伏同行。协鑫等上市企业也在瞄准这个方向，华碧要不要跟进呢？

刘学森回忆立项之初："我们找到了钙钛矿光伏技术，它最有可能做成光伏薄膜贴附在车身上，实现为车发电。该技术成熟发展后光电转换效率高且成本低，唯一的缺点就是技术太新。此外，即使该技术得以突破并应用于车体发电，华碧将来既要面临来自上市企业、行业巨头的竞争压力，又要面临各大科研院所、研发平台等团队或机构的同台竞技。"在此情境下，华碧何以敢涉足？又凭什么能够在这一赛道中脱颖而出，获得领先地位呢？这是一个值得深度挖掘和战略考量的问题。

华碧凭什么能进入光伏领域

4. 为何创建华碧

刘学森，华碧的创始人，早年在AMD半导体失效分析实验室深耕，随后投身于英特尔新产品的创新研发团队。2000年前后，国内民营企业技术创新研发水平普遍较低，刘学森认为，技术创新研发的瓶颈在于缺少市场化专业精尖的研发实验室。2005年，他怀揣着打造"中国的贝尔实验室"的宏伟理想，毅然从英特尔出走。其间，他曾与工业和信息化部电子第五研究所紧密合作，并为其构建了苏州赛宝实验室，最终为实现初心创办了华碧实验室。他的愿景是通过华碧实验室攻克技术难关，孵化革新性技术，从而助力我国制造业质量和技术水平的提升。

当时，刘学森还建立了中国电子失效分析论坛，在该论坛广泛分享电子、集成电路、半导体等领域相关知识。随着论坛影响力的逐渐扩大，诸多网友纷纷求助于如何解决自家产品尤其是电子半导体产品中的"疑难杂症"。敏锐的刘学森预见了这个亟待满足的市场需求，在实验室购并之际，就已经在该论坛积累了大量潜在客户群体。

尽管初始资金匮乏，几近囊中羞涩，但刘学森深为认同《富爸爸穷爸爸》一书中的理念："若事业承载着深远的意义，金钱自会随之而来。"后来，在复旦创投的大力支持下，在2008年全球经济危机之际，华碧收购了梅赛德斯-奔驰位于中国区的一个失效分析实验室,并将其迁移至上海。当时刘学森的想法是:"立刻投入做业务,先把成本收回来,再去升级实验室。"2009年的时候,华碧再如法炮制,前往硅谷AMD总部收购失效分析实验室设备,开启了华碧的汽车产业技术检测与分析服务。

随着中国经济和制造业的蓬勃发展,华碧的业务犹如雨后春笋,每年保持20%~30%的增长速度。华碧一边推进成熟业务,不断沉淀自身的技术积累;另一边也在积极拓展新机会、新市场。在2016年时,华碧承接了公安部"重型卡车制动热衰退与制动失效的关系研究"项目并通过验收,又受到司法部委托开始牵头制定《产品质量司法鉴定通用程序规范》。至2019年,华碧已拥有近300名员工,司法鉴定业务市场份额更是高达70%左右。

5. 在边缘市场站稳脚跟

从2005年到2019年,在边缘市场默默耕耘了十多年后,刘学森和他的华碧终于等到了钙钛矿薄膜光伏这个细分领域。提高钙钛矿薄膜光伏的光电转换效率,以及降低每个良品的生产制造成本是行业向前发展的核心驱动力。其中,降低制造成本有三个解决方向:优化生产工艺和制造流程以提升良品率、降低原材料等浮动成本、降低设备等固定成本。而这三个研究方向,恰恰是华碧最擅长的。

原来,在工业制造领域,从提出产品技术解决方案到产品模型,再到批量生产投放市场,中间还需要制定工程实现方案、样品测试验证、失效分析、生产流程优化。刘学森和华碧的核心技术正是失效分析,它是根据产品失效的模式和现象,通过层层深挖、分析和验证,找出失效的第一性原因,挖掘出背后的失效机理的一系列"把脉""问诊""诊断""开方"过程。它是新技术研发"理论研究与设计+开发验证+失效分析"闭环中最关键的一环,也是产品质量和可靠性问题由果溯因的最关键一环。失效分析最大的价值是,能够帮助企业迭代产品的工程实现方案,包括优化制造流程和设备,从而帮助企业提高产品质量、推动技术开发和改进。

对于华碧来说,围绕失效分析提供研发验证服务,客户以中小企业居多,中小企业的研发生产迭代速度较慢,也更愿意采用已经成熟的技术和制造方案,对失效分析的需求较大。而大型企业往往自主组建失效分析实验室,所以它们对这个失效分析的需求其实不大。但是,当企业产品投放市场后,出现产品质量相关的诉讼时，消费者或者厂家产生了对产品质量鉴定的需求。所以，华碧除研发验证服务外，还将失效分析的技术拓展到了司法鉴定领域，一方面是华碧可持续发展不得不做的"明珠暗投"，另一方面也是其携失效分析能力对同行的"降维打击"。

近十年的发展，华碧司法鉴定已经成为国内民营鉴定机构第一大品牌，稳定的业务给华碧提供了稳定的现金流，让华碧逐渐构筑国内顶尖的失效分析团队和精尖的失效分析实验设备。

6. 光伏是华碧一直在等待的机会

华碧，在旁人看来只是一个第三方检测或者司法鉴定机构，但很多人没意识到，它依托领先的失效分析技术，十八年里广泛服务于工业制造的研发验证、检测认证和产品质量鉴定，广泛覆盖半导体、集成电路、线束连接器、汽车电子、光伏、电气、电力、工业零配件、产线等领域。所以，刘学森对华碧能够做钙钛矿薄膜光伏研发非常有信心，他更多思考的是具体的战略执行："我当时建立实验室的初心是做'中国的贝尔实验室'，做半导体技术研发，所以我们的实验室不是一个简单的检测服务机构，而是一个具备创新和研发能力的实验室。实验室的人才、设备和布局也都是为了研发实验室而配置，如果把研发过程分为理论分析与设计、开发验证、失效分析反馈三个环节，我们做了十几年的失效分析业务，其实是研发过程三个环节中非常非常关键的一环。但新技术的研发更重要的是，即使产品做出来了，光伏行业巨头林立且领军人物众多，这项业务让华碧做的话，华碧凭什么能赢？赢在哪儿？"

华碧的技术研发之路

7. 围绕场景化的需求和产品形态，进行定向研发

刘学森是带着用技术研发推动中国工业制造质量水平提升的使命开始创业的。但开始创业后，他越来越认识到，中国科技创新领域亟待填补的并非纯粹的学术研究开发，而是如何有效地将研究成果与市场需求实现深度融合。"我的老师丁文江院士说过这样一句话：'真正被市场需求的技术成果并不需要转化。'这句

话深深烙在了我的脑海里。"刘学森边说边点头，"我们的科技创新领域其实有大量科技成果停留在实验室阶段，'重理论、轻应用'，无法将成果转化为生产力，被市场有效吸收与利用，其实是一种资源的浪费。"

基于此，刘学森提出了"场景先行·定向研发"的创新理念，主张以场景需求为导向，精准架构技术解决方案，定向技术研发路，快速招募、组织各细分领域的精尖技术人才，搭建科学的量产迭代反馈机制，推进科技成果的有效落地与商业转化。

华碧一开始采用的是华为成功实践过的IPD流程，基本流程是先找到一个市场，再分析市场，之后一步一步把产品开发出来，这是一套完整的流程。但是真正去做的时候华碧发现，华为这种大公司的做法可能不适合中小企业，判据太多、对人员素质要求过高、资源投入太大，难以抉择。

所以，刘学森把"场景先行·定向研发"当中核心的几个判据拎出来以后，结合他在混沌创商院的学习收获，改造成了华碧自己的、融合"混沌理念"的中小企业IPD流程，如图12-1所示。刘学森将这套华碧自己的流程总结为：我一定要理解市场，找到市场未被满足的需求，通过跨学科融合，形成行业的一个新的认知。而后，基于认知、我们的理解和自己企业的资源禀赋、组织心智中的本体特征，形成一个新的战略切入点。最后，以战略为切入点去展开产品线规划，再以此去执行和评估研发的推进过程。

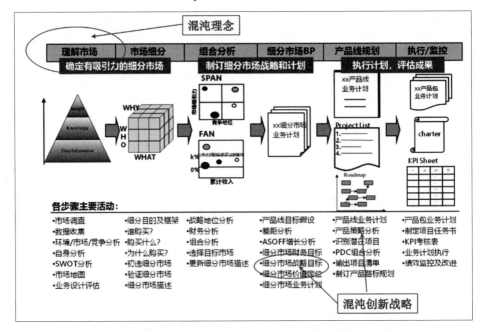

图 12-1　华碧自己的融合"混沌理念"的中小企业 IPD 流程

知识点解析：IPD

IPD即集成产品开发（Integrated Product Development），是一套产品开发的模式、理念与方法，其核心思想是，基于市场需求，将产品开发视为一项投资来管理，以确保产品开发的成功率和效率，可以帮助企业快速响应市场变化、缩短产品上市时间、减少资源浪费、提高生产力，最终取得商业成功。华为的IPD流程分为概念、计划、开发、验证、发布、生命周期六个阶段，每个阶段都有明确的任务和输出，以及严格的评审和决策机制。华为的IPD流程强调以用户需求为导向，通过跨部门团队的协作和管理，提高产品开发的效率和成功率。

---

8. 集中最宝贵的"算力"资源，创造更大的研发"压强"

对于如何与巨头同台竞技，刘学森有着自己的观点。他认为，在当今时代，基础科研的繁荣使得科研成果呈海量涌现，信息透明化使得大型企业和中小企业在获取前沿知识理论上处于相近起跑线。所以，刘学森倡导，中小企业应瞄准适合自身的科研产品赛道，集中力量突破，实现对场景的深度挖掘和全情投入。那么即使面对行业巨头，中小企业也可能凭借精准定位与高效执行形成竞争优势。

其中，精准定位意味着在选择场景化的用户需求时，就要和巨头错位。刘学森的习惯是，从研发"压强"的角度审视："当算力有限的时候，如何创造更大的'压强'呢？新产品开发如同一个巨大的多维矩阵，每一道工序、每一种可能性都可能衍生无数的研发路径。面对如此庞大的可能性空间，即便是行业巨头，在每个具体研发方向上的平均资源配置也相对有限。因此，中小企业若能找准独特的产品研发方向，将有限的资源聚焦并定向投入某一特定领域，就有可能在局部研发强度上超越大企业。"

如果说聚焦需求场景的定向研发解决的是"精准定位"的问题，那么"高效执行"就在于如何利用好手里最关键的资源。在技术创新的道路上，最关键的资源是研发"算力"，即研发能力。所以，高效执行的关键是，将组织的"算力"系统地组织起来，集中到最需要的点上。当产品复杂到一定程度时，将不再是一个人的有限"算力"所能搞定的，必须由一个组织同时决定，并积极汇总知识和串联碰撞，才能够形成有效的结论。

在"算力"协作当中，要格外关注知识管理。刘学森自己一直坚持在一线做科研，所以知识管理方面也有自己的心得："当创立一个理论，无论是对还是错，配方是好还是坏，都可以反映到知识管理系统里。这个系统要求其他人用同样的技术框架去做事情，这样能够追溯到前面做的过程中的对与错，这相当于一个非常精准的私有数据库的生成式预演练。就像混沌创商院的李善友教授说的，'信息的流动比信息本身更重要'。"

9. 华碧在光伏领域的成果进展

基于钙钛矿材料卓越的性能优势，刘学森引领其团队深入探索了材料配方的精研、工艺流程的设计优化、关键设备的研发及更优成本制备技术的整体论证，最终选择了卷对卷与柔性薄膜的技术路线和生产工艺。2022年6月，他主导投资建设了国内首条兆瓦级全卷对卷柔性大面积钙钛矿光伏发电薄膜中试生产线（10MW 35宽幅），常温下空气中成卷生产，成功制备出35cm×5000cm超大幅面、高度柔韧且超轻薄的光伏发电薄膜，该产品不仅具备出色的轻量化、柔韧性、超薄性等特性，还具有可任意裁切、可拉伸、可修复等特性。未来，该产品有望实现与新能源汽车的融合，其中"光伏车衣"应用模式，理论上可有效解决电动汽车的充电难题，预计在一天的阳光照射下，即可为车辆续航里程增加50～80公里。

刘学森带领团队围绕"关键设备+量产工艺+材料配方"三环联合创新发展，产线和产品已迭代28个月，率先取得了多项关键技术成果。其中的卷对卷涂布、卷对卷激光、卷对卷物理气相沉积、卷对卷原子层沉积、卷对卷封装等关键量产设备与工艺技术实现从0到1的突破，常温下空气中成卷生产的产线效率达到16.88%。同时，推动技术产品的商业化，围绕利基市场移动户外消费电子领域，创新开发了"光伏充电壳"，为追求省心省力的智能手机用户提供时尚环保的一体式续航解决方案。该产品可以室内外弱光发电，手机壳手感，预计很快推出市场。

▶ 混沌教练说 ◀

华碧成功背后的方法论

📈 华碧迈向光伏领域时的战略环境

华碧的案例，可以用一个整体的战略思考框架（局、势、竞、我）来阐述：

局——基于华碧2019年时的市场环境，华碧主要面向汽车电子检测和司法鉴定服务，司法鉴定已经占领近70%的市场份额，伴随宏观环境（政策对检测资质的进一步放开，未来将有越来越多的小型质检机构入局，华碧70%的市场份额势必不可持续）的变化，大量的竞争对手参与竞争，必然带来进一步的利润降低和份额下降，原有业务受到极大的挑战，短期内无法在原有业务模式下找到新的增长点。

势——机会总是蕴含在变化中的，越大的变化带来越大的机会和挑战，倘若在当前的环境中无法找到好的机遇，便可尝试将原有业务放在不同方向上升维思考，感知变化，从汽车电子司法鉴定到汽车服务，再到汽车行业，如图12-2所示。刘学森关注到，整个汽车行业发生巨变，即整个行业从传统的燃油车过渡到新能源汽车的这一巨大变化，如图12-3所示。

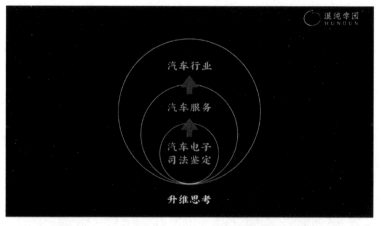

图 12-2 刘学森对汽车电子司法鉴定的升维思考

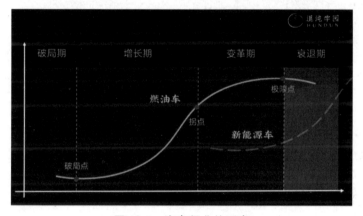

图 12-3 汽车行业的巨变

而竞、我对比的战略环境，尤其随之做出的战略选择，则是华碧能够在光伏领域取得成功的关键。这在下面展开分析。

如何保障技术研发的成果转化为商业价值

在本章案例中，刘学森总结的经验是"场景先行·定向研发"，以避免科研成果转化过程中的鸿沟。这个定向的过程可以拆分成两步：

第一步，以用户（终端消费者）的需求定向。

按照克里斯坦森教授的用户待办任务理论，用户需求是一定的情景下需要完成某个任务，因某种条件限制，导致任务尚未得到满意的解决方案，从而产生寻找一个产品来帮助他更便宜、更便捷、更有效地完成这个任务的想法，由此产生购买的需求。

本章案例中的企业家在为自己申报充电桩的过程中就注意到，新能源汽车未来必然绕不过的任务是为汽车充电，不但现在受限于各种手续及小区电网配额不足的问题，而且在充电时间长、峰谷效应明显的前提下，充电必然是一个长时间较为困扰用户的问题，有效性和便捷性长期不足。这是一种寻找用户需求的有效方法，即把自己当作消费者，去"扫描"自己在使用产品的过程中还有哪些"待办任务"没有被完成，哪些关注指标没有被实现。

第二步，以竞、我的对比态势来定向。

竞——当一个新的技术创新机会，乃至商业创新机会出现的时候，往往这些机会是平等地呈现在每个相关企业面前的。企业在冲向目标之前，需要先了解自己的竞争对手，包括行业巨头和小型竞争者，也包括同行和跨界竞争者，还包括当下已经启动的和未来可能启动的潜在竞争者。就像我们不会和猎豹赛跑一样，如果在机会面前，竞争对手已占尽优势，那这个机会我们宁可不要。在钙钛矿光伏材料这个赛道上，新能源车企的精力集中在车型开发和市场拓展上，传统研究机构的科研成果转化率较低，而光伏巨头在"光伏车衣"上的研发"压强"并不一定高于华碧。

我——华碧发展近二十年，在失效分析领域汇聚了极高的人才密度，在半导体材料研发、工艺流程设计方向及工程化落地能力方面积累了深厚的知识，这些完全可以迁移到钙钛矿薄膜发电技术研发中。

以上的两步定位方法可以迁移到其他技术创新的赛道上去，中小企业技术创新成功的最佳方式就是定向研发，朝着胜率更高且更有商业价值前景的方向积累技术成果。

如何在和巨头的技术竞赛中构建护城河

前面介绍定向研发中的方向选择时，提到了根据竞、我的对比态势来定向。这是混沌创商院一直倡导的错位竞争战略，即选择主流市场以外的、巨头看不上或者做不了的边缘市场，取得一种"与其更好，不如不同"式的胜利。

在本章案例中，案例企业成功踏入光伏赛道，依靠的是错位竞争战略。而在最早创业的前十年里，案例企业放弃直接和大企业竞争失效分析，转而在边缘的司法鉴定市场深耕，这也是一次成功的错位竞争。失效分析能力的应用方面，做批量生产前的失效分析，其商业价值远大于做事后质量检测。在事后质量检测领域，配合政府司法职能部门，专项服务于司法鉴定场景，但其复购率远低于服务制造型企业。但恰恰是这两次舍弃主流市场的选择，让华碧可以"降维打击"一众"蚂蚁"鉴定机构，树立"司法鉴定一哥"的形象。之后，即使是大企业需要做司法鉴定，也会选择和华碧合作。而且正是在这个边缘市场，华碧积累了人力和团队资源，打磨了失效分析领域的核心能力，从而为后续踏入光伏赛道创造了可能。

所以，中小企业在和巨头技术竞赛的过程中，更加需要长期主义，放弃短期的"一城一池"的争夺，寻找没有那么多经济效益，因此巨头短期"看不上"的业务。而自己要能在短期经济效益之外看到能够长期持续经营的业务，并且在业务开展过程中积极、主动地积累核心能力，让核心能力成为自己的护城河，从而让这项业务成为巨头"做不了"的业务。最后，就像滚雪球一样，不断拓宽自己的业务版图，不断构建更深的护城河。

启发思考题

① 你所在的行业内，用户有哪些未被满足的需求？这些用户需求预计在未来5～10年被满足的可能性有多大？

② 可以用哪些产品来满足这些需求？当下的技术存在的哪些瓶颈限制了产品设计的实现？

③ 哪些机构有能力突破这个技术瓶颈？跟对方相比，你的研发"压强"优势是什么？

④ 如果巨头选择跟随、复制你的研发路线，需要多久？被追上之后，你能够积累什么核心能力？

第五篇　公益创新篇

13

第十三章 【时代命题】企业如何探索 社会责任与公益创新的融合之路

案例教练：闫伟伟——混沌创商院创新教练

访谈对象：黄晖——九阳公益基金会副秘书长、混沌创益院（创商院公益班）2期校友

关 键 词：企业公益、食育教育、探索新模式、价值网络

▶ 痛点场景和关键挑战 ◀

中国公益慈善事业的发展从20世纪80年代开始，经过几十年的发展，在社会再分配上起到越来越重要的作用。不仅有越来越多的公益慈善组织，而且有越来越多的企业加入公益慈善事业中来，商业向善，公益求真，它们共同承担着社会发展责任。

九阳公益基金会的发展，很像中国公益慈善事业发展的缩影。公益慈善事业伴随着九阳公益基金会的整个成长经历，九阳公益基金会的案例是商业核心能力和公益结合的典型代表。

痛点场景

公益组织的资源有限，而要解决的社会问题往往是"老大难"问题，因此经常遇到如下困难：

- 公众对公益项目的社会信任和认可不够：公益慈善行业的负面案例影响社会信任；公益项目影响力不足，影响资源聚集。
- 资源方的关注点和利益诉求不同：公益项目往往涉及多方资源，包括政府、企业、社会组织、志愿者等，各方关注的焦点和利益诉求可能存在差异。
- 公益项目的运作很难持续、健康运行：公益项目往往面临资金、人力、资源等方面的挑战。如何确保公益项目长期稳定运行，是商业组织参与公益项目需要面对的压力。

📊 关键挑战

- 企业如何选择合适的公益项目？
- 如何获得公益项目各相关方的认可？
- 如何协调各方利益，形成合力，共同推动公益项目的成功实施？
- 如何构建公益项目的核心竞争力和迭代升级机制，以保障公益项目长期、健康运行？

▶ 案例故事 ◀

九阳食育工坊：让每个孩子拥有健康生活！

九阳创立于1994年，是一家专注于健康饮食电器研发、生产和销售的智能小家电企业。九阳30年的创业史亦是九阳公益的发展史，从九阳公益初期资助困难学子、资助乡村水利，到设立慈善教育基金、希望基金等专项基金，再到发起成立九阳公益基金会，九阳公益30年来以"教育"和"健康"为核心公益议题，已形成"九阳公益厨房"和"九阳食育工坊"两大品牌公益项目，助力青少年健康成长。九阳公益的发展历程如图13-1所示。

图 13-1　九阳公益的发展历程

2020年，九阳公益基金会成立后，以独立的慈善组织来开展公益事业，凝聚善的力量，创造健康美好生活。在公益项目的选择上，九阳公益基金会坚持12条公益设计原则。

创始团队的公益情怀：教育。

企业公益的核心能力：厨房。

社会问题的痛点聚焦：健康。

产品生命周期与升级：食育、基金会。

社会公益的两个市场：捐赠人、受益人。

公益产品的边界原则：可为无为。

社会问题的社会价值：受益人、投入回报比。

资源动员与公益渠道：相关方、帮扶。

社会责任本地化使命：优先产业地。

公益信息化与数字化：信息流程、呈现。

公益产品的可视觉化：简约、高度识别。

无形资产的自我保护：商标、产权。

九阳食育工坊、九阳公益厨房的双曲线成长图如图13-2所示。

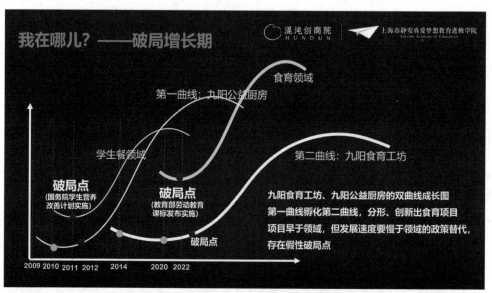

图 13-2　九阳食育工坊、九阳公益厨房的双曲线成长图

九阳的4位创始人对教育事业有着很深的情怀，企业的主业一直聚焦在厨房小家电领域，为国民创造健康生活的解决方案。九阳在选择项目时，将创始人的情怀与企业核心能力深度结合，近10年聚焦在健康和教育上，由"九阳公益厨房"延续而来的"九阳食育工坊"是现阶段的核心品牌项目。

公益厨房：厨房供餐先让孩子们吃饱

早在2010年，《农村学校供餐与学生营养评估报告》显示，中西部贫困地区儿童营养摄入严重不足，受调查的学生中有12%的学生发育迟缓，72%的学生上课期间有饥饿感。

看到这些触目惊心的数据，九阳公益将关注和解决乡村中小学生营养与健康问题作为九阳公益的核心议题，公益厨房项目由此产生。

为了让更多人看到贫困地区学生的营养状况，该项目早期组织了媒体、明星、学者、专家等深度参与公众传播，这也间接推动或影响了普惠农村3600万名学生的《农村义务教育学生营养改善计划实施办法》的出台，快速地推进了农村学校供餐问题的解决。

由于学校厨房建设及设备等仍然需要由地方政府配套解决，农村学校食堂设施问题仍制约着营养计划的实施，"有米无锅"问题日益凸显。于是"九阳希望厨房"（九阳公益厨房前身）公益项目开始捐助学校食堂设备。2020年，九阳公益基金会成立，践行多年实践形成的"政府对口帮扶+九阳公益+政府配套+伙伴参与"多方联动对口帮扶模式。在新平台下，九阳公益厨房将资助标准和内容全面升级，由平均3万~5万元/所提升到8万~10万元/所，形成乡村学校厨房方案建设、电气智能化设备、科学膳食赋能等三大资助体系。九阳公益厨房如图13-3所示。

千所九阳公益厨房电气化厨房设备，学校人均能耗成本降低了18%。

2010年起，九阳在中国青少年发展基金会设立"九阳希望厨房"，10年累计捐赠超5000余万元，带动地方、社会投入共计5400余万元，为社会创造共计2.3亿元的社会效益。九阳公益厨房项目如图13-4所示。

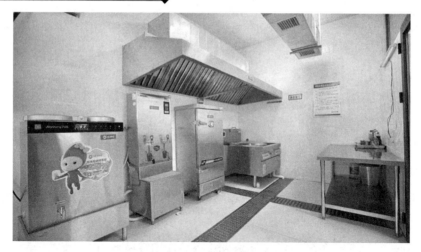

图 13-3　九阳公益厨房

图 13-4　九阳公益厨房项目

　　经第三方评估，九阳公益厨房项目抽样点五年级孩子整体平均身高长高
1.43cm。

　　截至2023年，九阳公益扶贫足迹遍布27个省区300个县区，建成1525所九阳公
益厨房，每天受益50万名师生，累计受益师生超200万人。

　　企业如何选择合适公益项目？

　　从九阳公益基金会的发展可以看到，商业组织选择公益项目需要考虑：组织价值观、组织愿景、组织资源与能力、社会痛点、长/短期社会效益等因素。

九阳食育工坊：厨房供餐之外的健康意识培养

为学生提供了健康的食物他们就能健康了吗？并不是这样的，除了在学校吃饭，学生还有很多餐是在学校外解决的。2014年，中国疾控中心相关调研数据显示：中小学生每天吃1次以上零食的占79.7%；每天喝1杯以上饮料的占48.9%；58%的学生因为味道好而选择饮料。而九阳公益厨房在实践过程中也发现，随着逐步解决了学生"吃"的问题，学生和家长营养素养低、学校健康教育投入缺位、食物浪费严重、饮食文化与礼仪逐渐消失等问题显现。对于社会来说，食育教育都是缺失的，而要彻底改变这一切，从孩子开始，开展食育教育是非常有必要的。

2014年起，九阳公益对项目进行创新升级，开展食育教育的尝试。九阳公益项目早期食育兴趣班如图13-5所示。早期项目选择了偏远地区的学校，但最终的实施效果不尽如人意。2016年起，九阳食育工坊的资助对象从偏远地区的学校转向有较强食育教学意愿的城市型学校，项目发展开始渐入正轨，逐步形成了在中小学开展食育教育的实践经验。九阳公益项目早期食育兴趣班课堂向孩子们展示了如何分辨添加剂，如图13-6所示。

图 13-5　九阳公益项目早期食育兴趣班

图 13-6　九阳公益项目早期食育兴趣班课堂：分辨添加剂

2020年，九阳公益基金会成立后，食育工坊项目从九阳公益厨房项目中完全独立出来。九阳公益基金会推出九阳食育工坊新型五育融合教育新模式，项目通过"设计指导+教学教具+食育课程+教师赋能"四大资助维度，资助学校以打造厨房场景的教育空间为基础，以烹饪为教学载体，弘扬传统饮食文化、传递营养健康知识、培养孩子的良好饮食习惯，从而帮助孩子探索自己与他人、社会、自然的关系，最终帮助孩子形成丰富的人性和健全的人格，让每一个孩子拥有终身维护健康的能力，悦享健康生活。

不过，在九阳食育工坊的项目探索中，项目团队也面临着诸多问题：

（1）首先是意识转变的问题。九阳食育工坊项目面向的是经济条件比较好的地区，并且是相对较发达地区，受助对象的转变，以致无论是外界评价，还是内部的执行，都跟之前有很大不同，城市型学校对企业身份的担忧，也在某种程度上阻碍了项目的扩展。

（2）教育主管部门及学校"食育教育"需求未被激发。"食育教育"对于学校来说是一种新的学科性的内容，学校在日常教学中已经任务繁重，没有额外的课时，也没有专业教师来执教这类课程。项目的需求未被激活，学校没有必须开展此类非教学课标的工作任务。

（3）作为国内最早推进"食育教育"的机构之一，在国内尚无可借鉴的成功模式，以及对应的食育课程体系。而专业性的食育课程开发，对于社会组织本身也是一项艰巨的挑战。

面对这些问题，九阳公益基金会对九阳食育工坊项目也做了以下策略性调整。

1. 加强食育议题的宣传，增强社会舆论氛围和影响力，推动行业行动

行业的势能，需要行动者各方去推动和加快行业的快速发展，九阳先后于2016年资助、联合主办"中国食育高峰论坛"，如图13-7所示；于2018年资助、联合主办"中国食育国际研讨会"，如图13-8所示。这些大型论坛、研讨会的参与者有国内外专家、政府机构、非政府组织、媒体、企业、学校、公益组织以及营养师个人等，以促进行业交流与学习。在项目发展过程中，健康与卫生、学生营养、食育教研等各类研讨性会议，传播和解读食育教育理念。联合区域性教育局主办"烹饪大赛""学生劳动周""食育讲课大赛"等活动，九阳的食育教育理念得以进一步被认同。

图 13-7 2016 年资助、联合主办"中国食育高峰论坛"

图 13-8　2018 年资助、联合主办"中国食育国际研讨会"

经过多方的实践与传播，2021年，"食育教育"一词真正出现在国家政策性文件——《中国儿童发展纲要》里，并且《中国儿童发展纲要》在策略实施中就改善儿童营养状况一项明确提出"加强食育教育"。2022年，《义务教育课程方案和课程标准》发布，劳动教育独立分科。2023年，各级教育部门积极颁布地方性实施办法，有针对性地强化"烹饪与健康"任务群的工作布局。

这些政策性文件的确立与实施，地方教育部门及学校建设"食育工坊"的需求被彻底激活，为九阳食育工坊项目的快速推进打开政策窗口。

2. 项目设计中弱化品牌，以社会问题为导向，以人为目标

项目设计结合了学校食育紧迫性的现实需求，通过打造工坊，开展趣味性、互动性的食育课程。这些课程内容及教学形式本身很受学校师生的喜爱，以育人为目标。

为了避免学校和公众对九阳食育工坊项目的动机产生误解，设计人员在项目设计上有意规避和隔开项目与九阳商业的关联。比如，在九阳食育工坊的空间设计上，不去过多提及"九阳"的品牌视觉露出；在对外传播上，不去过多展示项目上的"九阳"元素。更重要的是，在食育课程开发层面，课程都是围绕教育部2022年颁布的《义务教育课程方案和课程标准》中的要求，结合劳动教育、健康教育等课标内容研

发的具有科学性、综合性、操作性、趣味性的食育教材，还按照教材标准编制、出版学生用书和教师用书，教学课程内容上也实现了非"九阳化"。

守住公益初心，放下功利心，保持专业单纯的设计初心，才更能获得受益人的认可与尊重。在很多区县，学校由以前的被动接受九阳的项目，到后来主动帮助九阳宣传和推广项目。在有些区域，甚至形成通过"竞争答辩"才能申报九阳的项目资助的现象。

3. 系统、科学地打磨项目的系统和模式

好的想法是需要产品来落地的，对于公益项目来说，也是如此。九阳公益基金会结合自身特点，以及过去几十年服务教育行业的经验，联合行业专家、骨干老师及出版社等社会各界力量，共同开发出一套适合中小学生的"设计指导+教学教具+食育课程+教师赋能"项目支持体系。

在项目实施过程中，九阳食育工坊的空间装修由学校自己负责并配套投入资金。九阳食育工坊确定了一个标准化的空间设计方案，规范功能布局、VI（视觉识别系统）、基础装修规范、区域标准件规范、空间设计规范、流程及维护规范等，这有利于项目的规模性复制及项目视觉表达的一致性。目前项目团队正在协同推进《中小学烹饪教室建设规范》团体标准研制工作，通过标准建设促进校园食育规范化发展。九阳食育工坊项目活动如图13-9所示。

图 13-9 九阳食育工坊项目活动

根据学校食育工坊的空间大小及教学规模，九阳捐赠全套的厨电设备，及其安全操作规范，提供设备全生命周期的24小时售后服务，这些教学器具能够保障教学烹饪活动的实施。

1）三级食育课程，健全课程体系

食育课程体系是构建九阳食育工坊项目的核心，九阳食育工坊初步形成"通用教材+专业课程+主题课程"的三级食育课程体系，如图13-10所示。未来，九阳食育工坊将着重推进系列课程的应用，以及不同形式的课程转化。

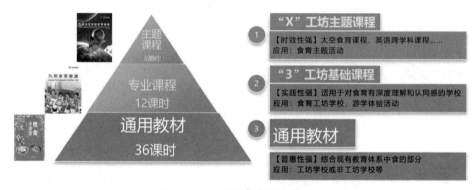

图 13-10　三级食育课程体系

2）线上线下多轮次开展食育教师赋能培训

食育教师是食育课程开展的中坚力量，为食育教师赋能也是九阳食育工坊项目的重要组成部分。针对在校食育教师的基本情况进行三方面的支持：线上普惠课、线下拓展课、游学考察（国内+国外），如图13-11所示。

九阳食育工坊项目导入期，要求项目学校派遣不少于2名食育专（兼）职教师接受基金会20课时的在线培训课程，考核合格的学员会获得结业证书。在日常教学中，基金会建立全国项目学校微信群，指导学校开展食育课程、研发校本课程，倡导各项目学校进行教学分享。

暑期食育工坊教师特训营（见图13-12）为食育教师提供持续提升、学习的互助平台，特训营会结合教师发展需要，提供主题化、深度的食育理念及方法论培训或活动。

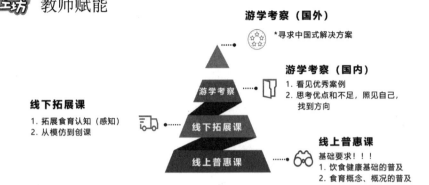

图 13-11 食育教师赋能培训

图 13-12 暑期食育工坊教师特训营

国内外游学考察以奖学金的形式资助食育教师，奖励优秀教师。

项目执行以来，线上累计培训超800余名食育教师。线下暑期食育教师特训营首次在杭州开班，来自全国34所学校的42名食育教师参与培训，杭州市钱塘区有141名食育教师参与。

九阳食育工坊项目经过多方努力，取得了良好的教育效果。浙江大学公共卫生学院评估团队对该项目开展评估：食育课程对学生的饮食文化、家务劳动、社交能力、执行力等具有显著改善效果，如图13-13所示。

九阳食育工坊项目每年按不少于50所学校的目标进行推荐，通过样板校打造地域性的示范样板，带动地域性的规模推动，样板区域根据教育部门的规划和资源配置情况，在条件成熟的地区进行区域全覆盖，目前已经覆盖21个省区35个地市，如图13-14所示。

浙江大学公共卫生学院评估团队 **评估显示 干预具备显著性效果**

表5 干潮缤文小学学生自评行为改变评分与食育课程干预线性回归关联分析

变量	对照组 Cof (95% CI)	干预组 Cof (95% CI)	P 值
人数	44	43	
饮食文化改善	参考	0.76 (0.47,1.06)	<0.001
道智礼仪习惯改善	参考	0.31(-0.12,0.64)	0.063
家务劳动改善	参考	0.56 (0.22,0.89)	0.001
学校卫生改善	参考	0.32 (-0.02,0.65)	0.065
沟通交流能力改善	参考	0.39 (0.07,0.70)	0.016
社交能力改善	参考	0.41 (0.08,0.74)	0.016
专注度改善	参考	0.27 (-0.02,0.57)	0.069
执行力改善	参考	0.45 (0.12,0.78)	0.008

*模型校正了学生年龄、性别、民族、家庭居住地、家庭总收入

● 食育课程开展的支持和阻碍因素（食育教师、分管校长）：

TDF理论域板块	支持因素	阻碍因素
知识 Knowledge	①食育课程中：对课程的内容、教学目标的全面整体的认知 ②学校资源上：了解课程理念目标、课程和培训的支持	①培训不充分：缺乏社会性、专业性、系统性的培训教材难以起到作用
技能 Skills	①具有教师基本素养（弘格证、职称证）、课堂管理能力 ②食育教学专业知识储备、授受专业能力：③家庭宣传能力	①体系复杂无专职食育教师队伍 ②缺乏专业课程，缺少空间教师能力开展
社会/职业角色认同 Social professional role and identity	①食育教师的职业认同、以践行和诚说的：②发展和培养食育教育的专门人员人才	①体系复杂无专职食育教师队伍 ②缺乏专业课程，缺少空间教师能力开展
对结果的信念 Beliefs about consequences	①学生：饮食文化知识素养、动手操作能力、身心健康的 ②家长：家庭饮食、餐桌氛围、学生亲子关系、家庭建设：③教师/学校：带领主题文化、课程建设	①食育课程及结果电商的意识强，存在安全隐患 ②学生成果不具备效应性回报但表现教的意识
动机和目标 Motivation and goals	①食育课程兴趣：②热爱、改善学生素养健康的 ②健康支持：物料支持、鼓励和学生意识需求、品质建设的	教师的部分知业务项目与从事的岗位安排。
环境资源 Environmental context and resources	①国家政策支持：②足够的经费支持：③相关专业设备仪备 ①学生知识储备能力（尤其乡镇家）资格、形物性质：②家长对食育课程的关注度，配合度食：③食育育的场所支持和材料支持	①资金时间如何落实：②专业师资不足的 ②资金分配外食育课程活动落实科别过食的不寻求
社会影响 Social influences	①学生知识储备能力（尤其乡镇家）资格、形物性质：②家长对食育课程的关注度，配合度食：③食育育的场所支持和材料支持	①各食育教师影响与工作者不统一的 ②部分教育中不断重视程度：其他课程挤用重视性低，致占课程的

> 食育课程对学生的饮食文化、家务劳动、社交能力、执行力等具有显著改善效果
> 学校开课率及食育教师的专业能力对课程效果有加强作用

图 13-13 第三方机构对九阳食育工坊项目的评估

图 13-14 九阳食育工坊项目样板区域覆盖情况

公益组织如何构建核心能力和可持续迭代能力？

像商业组织一样，公益组织同样要洞悉客户需求，结合组织的核心能力和资源，做出真正有价值的产品体系，并设计合适的项目模型，保障项目的持续发展。

▶ 混沌教练说 ◀

闻风起，引领未来方向；悉人心，合力共创未来

案例中的九阳食育工坊项目，从解决农村学生营养问题出发，逐步发展到推

动食育教育，助力青少年儿童健康成长，展现了企业公益项目从解决短期痛点到引领社会意识转变的创新之路。面对项目发展中的挑战，九阳公益基金会积极调整策略，通过加强食育议题宣传、弱化品牌意识、系统科学地打磨项目模式和体系等方式，推动食育教育融入国家政策和学校课程，最终实现了项目的可持续发展。

战略杠杆：九阳公益基金会通过战略杠杆模型，将"推动食育教育，助力青少年儿童健康成长"作为战略支点，敏锐洞察"食育教育"背后的社会红利，并以"食育课程及教师赋能体系"为战略引擎，实现了项目的快速发展。

价值网络：九阳公益基金会通过价值网络模型，识别并分析了九阳食育工坊项目的受益价值网、爱心价值网、替代价值网和合作价值网，并针对制约因素进行评估和改进，最终实现了项目价值的最大化。

九阳食育工坊项目的成功，不仅为青少年儿童的健康成长提供了有力支持，也为企业公益项目的创新发展提供了经验。

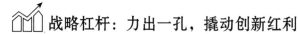 战略杠杆：力出一孔，撬动创新红利

战略杠杆模型是制定企业战略规划的工具，它帮助企业以系统的视角来找到核心关键要素，帮助企业在竞争激烈的市场环境中看到创新红利，并能够帮助企业抓住红利的切入点。这一模型在公益组织中依然适用。

战略杠杆模型主要由四个要素组成：战略支点、创新红利、真北目标和战略引擎，四个要素互相关联，形成一个决策总体。

1. 战略支点：不变的一

杠杆必须有支点才能发挥作用，发现变化的能力很可贵，但是能洞察那些不变的真理更是难能可贵。比如企业的价值观、使命，对于业务的本质认识等。对于九阳食育工坊这个项目来说，战略支点也是项目的使命：推动食育教育，助力青少年儿童健康成长。

2. 创新红利：十倍速的一

创新可以让杠杆十倍速地延长，杠杆越长，企业的红利就越大，没有这样的

风口是很难撬动真北目标的。

食育教育背后的红利源自人们生活水平的提高和教学育人理念的提升，而对九阳食育工坊助力最直接的红利，来自国家相关教育政策的发布，国家相关教育政策让食育教育真正走进学校。当国家发布政策后，项目实施层面就有不同的方式，可以是商业的模式，也可以是公益的模式。而这些对公益厨房项目来说也同样适用，这两个项目的发起与实施都早于政策推行，在项目中也可见其早期在政策影响方面的探索与推动。

国家政策的"十倍速的一"，急速推动公益领域的问题解决与替代，公益组织探索社会问题的最大价值是影响或推动"十倍速的一"，不是等风来，而是觉察到细微变动，闻风而动，推动行业发展。

3. 真北目标：长线的一

"真"就是找到企业真正的目标，其实很多企业喊出来的目标并不是真正的目标；"北"就是指引性的长线目标，可以当企业的"指北针"。

第三方机构对九阳食育工坊项目的初步评估结果表明，项目学校的食育课程在开课率及食育教师团队交付能力有保障的情况下，对学生的饮食文化、家务劳动、社交能力、执行力等具有显著改善效果。那在科学的食育课程被开发后，如何去确保课程的推广与应用？赋能食育教师，快速应用课程以提升开课率，是确保项目持续有效运行的关键的"长线的一"。

4. 战略引擎：舍九取一

战略引擎也就是在哪里发力可以抓住红利，完成真北目标。任何个人和企业的资源都是有限的，对于公益组织来说，更是如此。所以公益组织必须把自己最擅长的发挥到极致。

对于项目来说，撬动整个系统的是九阳食育工坊的食育课程及教师赋能体系，九阳食育工坊的公益项目本质上为食育教育做了五育融合教学，做了先行探索。

九阳食育工坊的战略杠杆如图13-15所示。

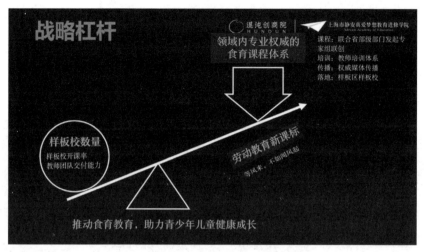

图 13-15　九阳食育工坊的战略杠杆

作为一家延续了很多年的企业型公益组织，九阳公益基金会走出了一条不同于传统公益项目的道路。公益不仅仅是助弱，更是人们生活意识和生活方式的引领者。当一种先进的意识形态出现时，人们往往并没有意识到其重要性，而改变人们的意识，是一个艰难而漫长的过程。这种情形，无论是凭借政府还是商业的力量，都很难有好的效果，所以就需要有一群秉承长期主义与奉献精神的人来做这件事情，这也是公益组织的使命。

价值网络：凝心聚力，共同推动项目落地

混沌创商院的价值网络模型是一个关于企业生存和发展的理论模型。这个模型强调，企业的未来发展方向主要是由其价值网络决定的，而不是单纯由管理者决定的。价值网络包括几个关键维度：客户价值网、资源价值网、友商价值网和供应商价值网。

在公益行业里，由于公益项目需要各方资源共同努力来推进项目发展，所以价值网络尤其重要。考虑到公益项目的特殊性，我们对价值网络模型重新做了定义。

受益价值网：项目的受益方或受益方代表是谁。

爱心价值网：谁为这个公益项目提供资源，如捐赠资金、物资，付出劳动等，一般指捐赠方。

替代价值网：哪些组织或模式可以替代这个方式，可能是其他的公益组织，政府部门或者商业机构。

合作价值网：包括供应商、渠道商等合作伙伴。

九阳食育工坊的价值网络如图13-16所示。

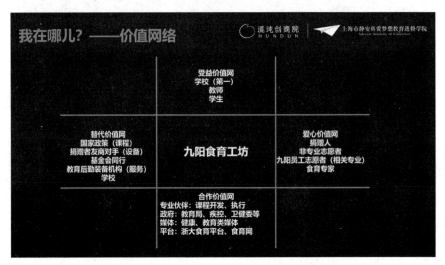

图 13-16　九阳食育工坊的价值网络

1. 识别价值网络

在九阳食育工坊项目中，直接的受益价值网主要包括学校、教师和学生，他们是这个项目的直接受益方。

爱心价值网首先是捐赠人，主要包括：为项目提供资金和资源的九阳，向基金会捐赠的所有组织和个人，还有为该项目付出时间和精力的志愿者。九阳食育工坊的志愿者主要包含：九阳员工志愿者，社会上的食育专家，以及其他非专业人士的志愿者。

在替代价值网中，可能有替代课程的国家政策，可能有替代设备的捐赠者友商对手，以及替代服务的教育后勤装备机构及学校，还有其他的基金会同行。与商业机构的强竞争关系不同，公益行业本身的项目往往是收益价值不大而社会价值更大的项目，替代价值网内的各个机构，往往共同为项目的推进而努力。

合作价值网主要是产品和服务交付的合作方，包括专业伙伴、政府、媒体和各大平台。

2. 评估制约因素

在九阳食育工坊项目的执行过程中，教师和课时是很关键的要素。但在项目开展初期，学校没有相应的教学课时和专（兼）职教师，授课教师由临时委派或者由感兴趣的教师主动担任，教师本身承担学校的教学任务，而九阳食育工坊的培训和交付虽然很好，但跟学校的工作安排是冲突的。同时，食育课程的教学付出，比日常别的学科教学要艰难。因此，学校教师其实是承受着压力来服务学生的。

九阳公益基金会了解到这样的情况，意识到学校是根源，于是跟学校的相关领导去沟通。随后发现，学校领导对这件事情也有很多顾虑，即使是有强烈意愿的学校，也要承受各方面的压力。在后期解决时，部分教育局将食育学校和食育课程教师列入考核体系，这些考核体系直接与学校年终的评分，以及教师的职称评定挂钩。部分学校组建依托教职工兴趣爱好的主动式任课教师小组，组建跨学科教学小组，在课程中实现更多的学科融合，这进一步促进学校和教师看到此类新型五育融合教学模式的价值。

九阳食育工坊受益价值网——学校的需求拆解如图13-17所示。

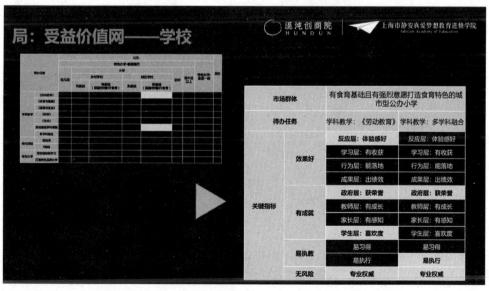

图 13-17　九阳食育工坊受益价值网——学校的需求拆解

而再次找到学校的上层领导部门——教育局后，九阳食育工坊项目团队发现，在教育局层面，他们同样会有自己的需求。在这些需求里，最核心的是无风险。此外，教育局希望社会力量的介入教学能充分弥补学校当前教学任务的短板，甚至部分教育局希望，社会力量带来的创新教育足够精彩，成为学校特色教学的业绩。

教育局的每一步变化都影响重大，必须慎重，但过于慎重往往很难取得成绩和荣誉。因此食育课程项目能够安全地实施创新，并由此推动地方教育事业的真正发展，获得认可，是教育局的真需求。

九阳食育工坊合作价值网——教育局的需求拆解如图13-18所示。

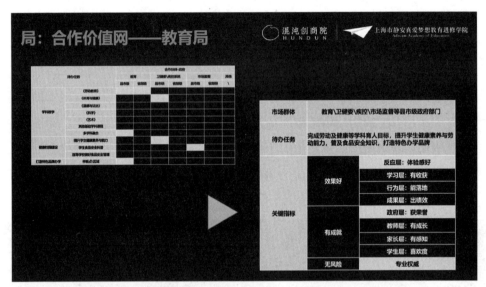

图 13-18 九阳食育工坊合作价值网——教育局的需求拆解

3. 寻找创新机会

基于对现有价值网络的深入理解，寻找破界创新的机会。这可能涉及重新定义企业的核心业务、寻找新的客户群体、开发新的产品或服务，或者改变与合作伙伴和供应商的关系。

拆解是创新的基本功，九阳食育工坊将受益价值网和合作价值网的核心要素进行拆解，寻找各自最为核心的"待办任务"和关键性指标。通过拆解再将两个要素进行重新组合，进一步缩小并精准定位了项目的群体和关键指标。教育局助推有食育基础且有强烈意愿打造食育特色的城市型公办小学成为其核心受益群体，围绕完成劳动教育"烹饪与营养"教学要求，多学科融合铸就区域或校园特色品牌办学的核心目标，进行项目供给，如图13-19所示。

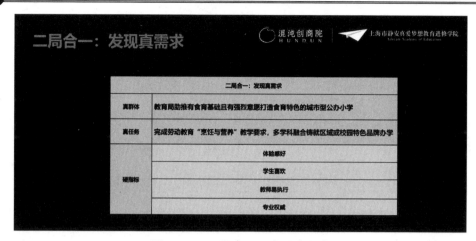

图 13-19 二局合一：发现真需求

4. 重构价值网络

根据以上分析，形成项目的新组合：

在需求侧，充分考虑教育局、学校和学生三方的需求，并增加课程体系的权威背书，让教育局、学校对成为样板校这件事无后顾之忧。此外，项目团队也要加大宣传力度，为项目进行背书，如图13-20所示。

新组合	我所需的核心能力		合作方盘点
	已有的	需构建的	
需：完成劳动教育"烹饪与营养"教学要求，多学科融合铸就区域或校园特色品牌办学	项目能力	**传播能力**动员筹资能力	媒介、捐赠人
连：拓展夯实政府触达与认可合作	网络能力	**传播能力**公信力	媒体伙伴政府部门
供：趣味性食育教具课程权威背书	项目能力	**专业领域权威性**	专业NGO研究机构政府部门

图 13-20 构建协同网络

5. 实施的效果

经过近2年的努力，样板校的增长开始进入良性循环，截至2024年5月，该项目已累计资助284所学校开办九阳食育工坊，如表13-1所示。

表 13-1　九阳食育工坊的分布情况

省区	数量/所	比例	省区	数量/所	比例
湖南	1	0.35%	云南	3	1.06%
贵州	2	0.70%	江西	10	3.52%
浙江	120	42.25%	河北	2	0.70%
山东	41	14.44%	河南	38	13.38%
安徽	7	2.46%	福建	1	0.35%
重庆	1	0.35%	四川	2	0.70%
广东	3	1.06%	甘肃	1	0.35%
辽宁	5	1.76%	海南	1	0.35%
北京	14	4.93%	黑龙江	15	5.28%
陕西	4	1.41%	内蒙古	4	1.41%
吉林	9	3.17%	合计	284	100.00%

6. 社会公益价值回归

彼德·德鲁克曾说："所有的社会和环境难题，只有把它们变成有利可图的商业机会，才能得以彻底解决。"九阳食育工坊的实践无不体现了项目的多方受益，社会公益的善款来自企业及爱心人士，面对众多社会问题及需求，这些资源无异于杯水车薪。社会公益项目更多的是去实践、探索解决某一社会问题的模式，并将此模式推广，让更多的政府部门、公益伙伴或者商业机构介入，最终才有可能解决社会问题。

九阳食育工坊爱心价值网——捐赠人的需求拆解如图13-21所示。

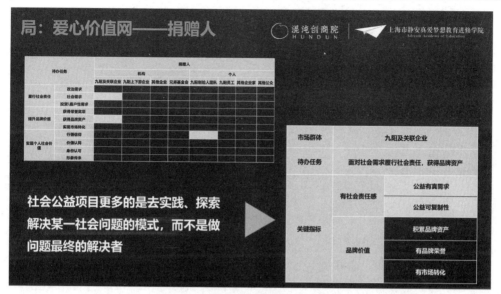

图 13-21　九阳食育工坊爱心价值网——捐赠人的需求拆解

　　九阳食育工坊的成功经验为其他企业的公益项目提供了宝贵的经验，也为我们指明了未来公益项目发展的方向：以创新为驱动，以社会价值为导向，以可持续发展为目标，让公益的力量惠及更多人群。

　　如何协调各方利益，形成合力，共同推动公益项目的成功实施？

　　公益组织需要洞察价值网络中各方的真需求，真痛点，通过项目设计，帮助各方实现自己的目标的同时，共同促进项目发展。

启发思考题

1. 战略杠杆：找到你的"支点"

① 明确战略支点：你的企业或组织的使命是什么？你希望为社会创造什么价值？

② 识别创新红利：在当前市场环境中，有哪些机会可以帮助你实现战略目标？例如，政策红利、技术红利、市场红利等。

③ 设定真北目标：长期关注哪些指标，可以支持业务增长，让你的企业或组织在未来取得成就？

④ 构建战略引擎：在哪一点上聚焦资源，可以突破阈值，实现业务快速增长，完成真北目标？例如，产品打造、渠道链接、品牌建设、团队建设等。

2. 价值网络：识别关键因素

① 你的价值网络是怎样的？

- 客户价值网：你的目标客户有哪些？他们有哪些需求？你的产品或服务如何满足他们的需求？
- 供应商价值网：你需要哪些供应商来支持你的业务？他们提供哪些资源和产品？
- 替代价值网：哪些产品或服务可以替代你的产品或服务？
- 合作价值网：你与哪些人合作？他们如何帮助你实现你的目标？

② 未来你的价值网络可能会发生什么样的变化？

- 客户价值网：客户的需求可能会发生变化，例如，他们的购买力、消费习惯、偏好等。
- 供应商价值网：供应商可能会发生变化，例如，他们的价格、质量、可靠性等。
- 替代价值网：新的替代品可能会出现，例如，新的技术、新的竞争对手等。
- 合作价值网：合作伙伴可能会发生变化，例如，他们的合作意愿、合作模式等。

③ 你要做哪些改变以适应价值网络可能发生的变化？

第六篇　总　结　篇

———————————————————→

14

第十四章 【时代命题】如何持续跨越非连续性挑战，实现跃迁式增长

案例教练：高佳琪——混沌创商院创新教练

访谈对象：李淑香——江苏天目湖旅游股份有限公司董事长、混沌创商院 5 期校友

关 键 词：文旅战略、产品创新、组织运营、商业模式创新、品牌价值流动

▶ 痛点场景和关键挑战 ◀

在当今这个快速变化且不确定的世界，企业面临的环境和市场需求经常发生重大变化，这些变化往往是非连续性的，即它们不是平稳渐进的，而是跳跃性的、不连续性的。这些非连续性变化可能来自技术革新的飞速发展、市场需求的瞬息万变、政策法规的不可预测性、经济周期的波动、全球竞争格局的突变，以及社会文化的变迁等多种因素，给企业带来了前所未有的挑战，特别是对于已经适应了前三十年发展规律的企业而言，更具挑战。

 痛点场景

- 新技术快速迭代，尤其是信息技术、人工智能、生物技术等领域的突破，导致行业格局剧变，新商业模式不断出现，原有企业的行业地位受到巨大冲击。
- 产品研发速度跟不上市场变化速度，现有产品或服务满足不了市场需求，新产品研发短周期内无竞争优势。
- 全球进入新竞争格局，供给竞争加剧，各企业陷入同质化竞争的内卷漩涡。
- 消费需求的多样性和个性化趋势明显，高品质产品或服务成本高，利润空间下降。

- 受宏观经济波动、金融危机、货币政策调整、政策法规影响，传统经营模式的抗风险能力变差。
- 互联网和社交媒体兴起使信息传播速度加快，客户连接方式转变，团队短期不具备IP运营能力，错失商业发展机会。

关键挑战

- 如何在保持核心竞争力的同时进行持续创新，以适应变化？
- 如何做到在进行长期战略规划的同时保持战略的灵活性？
- 如何实现有效风险管理，提高企业的抗风险能力，降低非连续性变化带来的风险？
- 如何建立敏捷、灵活的组织结构以快速响应变化？
- 如何构建学习成长型组织，提升员工的适应能力和激发员工的创新能力？

▶ 案例故事 ◀

热辣滚烫 30 年，江苏天目湖旅游股份有限公司的上市逆袭之路

天目湖（见图14-1）只是全国众多人工湖中不知名，也不具鲜明特色的一个，那么江苏天目湖旅游股份有限公司（以下简称天目湖旅游公司）是如何以天目湖为依托一步步走出江苏，连续跨越文旅行业的多次非连续性挑战，于2017年在A股成功上市，成为长三角地区乃至全国知名的一站式目的地旅游休闲度假范式的呢？

图 14-1 天目湖

1. 乘文旅需求之"热"：全域品牌因需而生

天目湖旅游公司走过的30年恰好是中国旅游行业快速发展的30年，从1999年的黄金周开始，中国旅游正式进入大规模发展的需求"热"阶段。中国旅游行业的需求经历了从观光游到自驾游，再到休闲度假游，以及到当下的文化深度体验游的多种模式变化，且需求的变化周期越来越短。

其间，天目湖旅游公司从拥有2艘6人座快艇发展到拥有3个5A级景区、8家休闲度假酒店、1家国内百强旅行社，实现了从单一的观光旅游需求的满足，到一站式旅游休闲目的地的需求引领。

2. 单一需求满足：观光品牌因湖泊而生，十年磨一剑，打造精品景区

天目湖旅游公司基于国家经济发展趋势和溧阳市政府依托自然资源的产业结构特点，以及对中国旅游行业需求量持续增长的趋势判断，从1992年开始长周期投资、建设、整合零散景点。历经10年，天目湖旅游公司于2001年黄金周，恰逢全国观光游热浪来袭之际，正式推出第一个湖泊型的精品景区产品，该产品成为国家首批4A级的山水园景区，吸引了大量游客，成为天目湖旅游公司首个观光型旅游品牌。

天目湖旅游公司的第一个10年沉淀了初代团队景区建设和运营的组织能力，同时也让团队真正看见了天目湖的美。真正让天目湖旅游公司快速成长的还是其精准抓住了接下来20年快速变化的需求。

3. 多元需求洞察：景区品牌依山水而成，多样性产品匹配多品牌矩阵

天目湖旅游公司对游客需求的关注经历了3个认知阶段，从浅层次的游客需求满意：游客服务改进，到中层次的游客需求分析：产品研发与市场营销策略优化，再到深层次的游客行为洞察：业务流程、商业模式和公司发展战略。经过多年项目的迭代、进化，形成了一套系统性的游客满意工作方法论：从前端游客服务入手，充分调动中后端的产品、营销和公司战略的系统性支持，最终形成各层次游客需求的结构性满意。

首先，拆解不同游客群体的旅游需求，匹配相应的产品研发。2个观光型景区（天目湖山水园景区、南山竹海景区）在满足70后游客传统自然景观观光需求的同

时，兼顾不同的旅游观光人群的个性化需求，比如，家庭亲子游人群，在天目湖山水园景区规划建设萌宠精灵国、生态水世界等亲子游乐项目，在天目湖南山竹海景区前瞻性地引入熊猫馆、鸡鸣古村等深度体验型项目，文创购买和体验活动充分满足年轻人和家庭亲子游人群观光度假、打卡体验的需求。

与此同时，作为国内温泉服务的佼佼者——御水温泉度假综合体项目，更是匹配不同游客的休闲度假需求，陆续开发御水温泉商旅度假、御水温泉·森酒店亲子度假、御水温泉·竹溪谷野奢度假等不同特色定位的高品质度假酒店产品。同时，在天目湖布局投运特色景观酒店品牌——遇品牌酒店，推出湖滨度假、森林树屋等更年轻化的酒店业态，针对不同代际游客的不同消费能力和消费观念提供多种选择。

天目湖游客需求洞察如图14-2所示。

图 14-2 天目湖游客需求洞察

其次，根据不同游客群体的满意度在不同时段和季节进行产品设计。从游客期望、游客感知质量、游客感知价值、游客满意度、游客忠诚度、游客抱怨六个维度，根据四季和节假日文化差异，不断更新、迭代产品和服务体验。在季节互补上：夏季在山水园开放水上乐园，推出竹海溯溪，打造暑期流量入口；冬季主打御水温泉雪中泡汤的非凡体验。在时间互补上；白天主打水上狂欢；晚间推出浪潮电音节，创新水上行进式演艺。在人群互补上：针对亲子人群，开设茶主题、竹文化等青少年研学项目；针对商务高端群体，在竹溪谷的谷顶开放下午茶、瑜伽、冥想等度假项目；充分利用入住游客的低峰使用时间向外开放主题活动，让更多游客体验竹溪谷，感受竹林、溪水的山水之美。

天目湖游客满意度调研如图14-3所示。

图 14-3　天目湖游客满意度调研

知识点解析：旅游行业六要素、费耐尔满意度指数理论、顾客让渡价值

旅游行业六要素指的是构成旅游活动的基本组成部分，食、宿、行、游、购、娱共同构成了完整的旅游体验。

费耐尔满意度指数理论（Fornell's Satisfaction Index Theory）由美国密歇根大学商学院质量研究中心的费耐尔（Fornell）博士在1989年提出。该理论模型是计量经济学的一个逻辑模型，它将顾客对服务的期望、对服务质量的感知、对服务价值的感知、对服务的满意度、对服务的抱怨、对品牌的忠诚度等多方面因素综合起来，用于评估顾客的满意度。该理论模型已被广泛应用于多个国家和地区，成为评估顾客满意度的重要工具。

顾客让渡价值是顾客总价值与顾客总成本之间的差额。

顾客让渡价值＝顾客总价值－顾客总成本

顾客总价值是指顾客从产品或服务中期望获得的所有利益，包括产品价值、服务价值、人员价值和形象价值。顾客总成本则包括货币成本、时间成本、体力成本和精力成本。

这个概念强调了顾客在购买决策时，会比较产品或服务的总价值与总成本，从而决定是否购买。如果顾客让渡价值高，即顾客从产品或服务中获得的利益大于其付出的成本，那么顾客可能会更愿意购买该产品或服务。

企业应该关注顾客让渡价值，并通过提高产品或服务的价值、降低成本等方式来增加顾客让渡价值，从而吸引和留住顾客，提高市场竞争力。

最后，从游客的MOT峰值体验出发，结合天目湖的山、水、泉、镇等丰富资源，打造千人千面的旅游体验。针对不同游客的MOT峰值体验，通过溧阳1号公路，把溧阳全域版图中的重点景区、美丽乡村、特色民宿、拓展基地、文博场馆等目的地中的山、水、泉、镇多样资源，规划成不同的旅游线路。通过线下手绘攻略和掌上智慧平台，游客可以便捷、直观地选择适合自己的旅游休闲度假线路。

天目湖游客的MOT峰值体验如图14-4所示。

图 14-4　天目湖游客的 MOT 峰值体验

知识点解析：MOT峰值体验

MOT（Moment of Truth）峰值体验是指在服务过程中，顾客与品牌或企业互动的关键时刻，这些时刻对顾客的感知和满意度产生决定性影响。这些体验可以是积极的，也可以是消极的，但它们通常是最难忘的，因为它们在顾客的脑海中留下了深刻的印象。

MOT峰值体验的概念最早由北欧航空的前首席执行官卡尔森提出。他将

MOT峰值体验定义为"顾客与前线员工之间的任何互动，这些互动在顾客心中形成了对公司服务质量的整体印象"。

在MOT峰值体验中，企业有机会通过提供超出顾客期望的服务来赢得顾客的忠诚和口碑。这些关键时刻可能包括：

• 第一次接触：顾客首次与企业接触时的体验，如访问网站、打电话咨询或进入实体店。

• 服务交付：服务提供过程中的关键时刻，如酒店入住、餐厅点餐或银行柜台服务。

• 问题解决：当顾客遇到问题时，企业如何响应和解决问题的时刻。

• 最后印象：顾客与企业最后一次互动的时刻，如结账、售后服务或反馈请求。

经过30余年的发展，天目湖旅游公司形成了集旅游、餐饮、酒店、休闲、度假于一体的一站式旅游度假区，成功构建了观光品牌、乐园品牌、度假品牌、商业品牌的多品牌矩阵。

4. 本质需求坚持：全域品牌守文旅而兴，产品迭代深化品牌价值

2019年年底新冠疫情突袭，对于受其冲击最大的文旅行业而言，是一次巨大的非连续性挑战。截至2020年，国内旅游人数同比下降52.1%，国内旅游收入同比下降61.1%。然而，天目湖旅游公司是所有文旅上市公司中收入下降最少的公司，新冠疫情3年，其经营恢复率连续高于全国、全省水平。2022年，天目湖旅游公司的经营规模已经恢复到2019年的73.24%，2023年上半年与2022年上半年相比，其经营规模更是增长了219.11%。

天目湖旅游公司之所以能够多次抵御风险，实现长周期的全域品牌扩张（见图14-5），源自对"旅游是人们追求美好生活的方式"的本质坚持。基于对这份初心和使命的笃定，天目湖旅游公司的文化全域品牌和产品都在不断强化山水自然的美好，通过尊重自然、尊重人，不断激发人性向善的力量，滋养自然与生命的美好。这个理念在天目湖旅游公司的很多产品上都留有痕迹。比如，山水园景区的遇系列特色酒店和民宿需要在原有建筑物上进行改建，在改建的过程中，为了保护原有的生态资源，使其不被破坏，公司不惜提高建设成本，将无法移动的树木保护起来，保留

为酒店景观。遇·碧波园酒店利用弃用的沙河蓄水电站原址，在竹林斜坡上搭架建造木屋，既最大程度保留了水库旁边的地质和环境，又让游客临湖而居，在竹林木屋休息，最大程度地融入自然山水之间，体会画中家的意境。

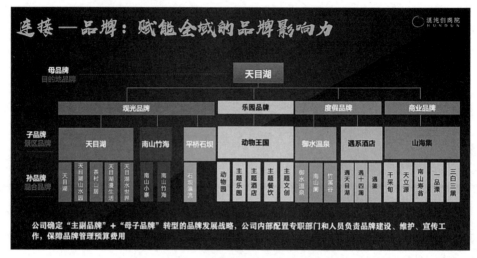

图 14-5　天目湖旅游公司全域品牌扩张

不仅老景区的运营创新始终秉持自然山水因人更美的理念，而且新开发的项目更是为了实现自然山水因人更美，不惜延长工期，提高建设和运营成本。2023年投运的野奢度假项目——御水温泉·竹溪谷酒店，在山间竹林搭架建造110间单体客房，如同轻架在竹林之上的点缀。而且公司为了最大程度地降低对生态环境的影响，通过架空方法，在保留原始竹林路面的情况下，沿着山间原有的蜿蜒小路，铺了一条仅能让景区观光车通行的小路。

正是因为天目湖旅游公司对山水自然本质的坚守和传承，让天目湖旅游公司的所有项目一经面世就备受好评。

5. 错市场竞争之"辣"：聚焦城市群战略

中国文旅行业的热潮虽然正在持续，但供给市场的竞争格局也呈焦灼态势。文旅巨头长隆集团占据了主题公园一站式旅游模式的龙头地位，难以撼动。近10年，各地政府积极推动的旅游古镇一站式旅游模式竞争也十分激烈，其中，以乌镇为代表的古镇在长三角地区更是比比皆是，以宋城为代表的单日游览+演艺模式也被广为复制。

面对激烈的竞争，在非连续性挑战频发的文旅行业，天目湖旅游公司要想在同质化竞争激烈的市场中杀出重围，就必须在重资产、长周期、劳动密集的文旅行业找到适合自己的反脆弱、可复利模式。天目湖旅游公司从2010年开始不断组织高管在全球范围内学习、参访优秀的旅游企业，并结合国家政策导向确定了发展方向：旅游是中国经济内需拉动的重要引擎，坚守旅游是人们追求美好生活的方式的需求本质，充分结合自身的资源组合优势，确定了山、水、泉、镇一站式目的地旅游模式的聚焦城市群发展战略。

六看方法论就是天目湖旅游公司在其发展过程中总结出来的，如图14-6所示。

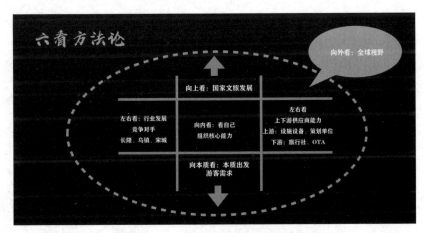

图 14-6　天目湖旅游公司的六看方法论

6. 多样性、成长性的创新商业模式

山、水、泉、镇的一站式目的地旅游模式，通过南山竹海、天目湖山水园两大景区，御水温泉和南山小寨古镇等核心产品，根据不同游客群体，打造四季皆宜的观光休闲旅游复合产品。以天目湖旅行社为纽带，创新运用智慧旅游信息化手段，为客户提供"吃、住、行、游、购、娱"一站式管家服务，实现满足多个年龄层、多种出行需求的多元市场。

通过模式的锚定和创新，天目湖旅游公司跳出景区竞争的红海，使其各个产品之间共生共荣，相互支撑。具备丰富性和成长性的不同组合产品，不仅能更好地抵御因季节变换、人群更替所带来的经营风险，而且让过路客变成过夜客。公司每增加一个产品，就多触达一类人群，从而不断延长游客的停留时长，为公司发展和成长都创造了更多可能性。

天目湖旅游公司的创新一站式旅游模式如图14-7所示。

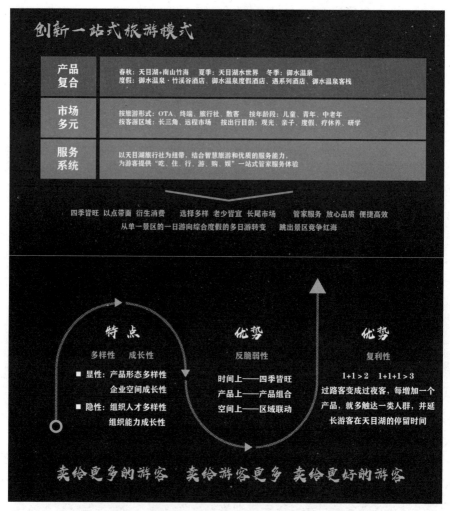

图 14-7　天目湖旅游公司的创新一站式旅游模式

7. 击穿好产品，成就独特审美

从早期的天目湖山水园景区到南山竹海景区，再到御水温泉和度假酒店群，天目湖旅游公司推出的每个产品都不是靠资源的红利爆火一时，而是经受住了时间和市场的反复考验，在游客体验后被广为传颂的。天目湖旅游公司董事长李淑香强调："好产品应该是持续性的、可迭代的、看得见的，而不是靠我们自己说的。"

"我们是用独特的审美，匹配不同的品味，坚持高品质的标准，把平凡的资源打造成看得见的好产品。"李淑香强调，天目湖旅游公司旅游产品独特的审美源自管理团队对山水自然的本质理解和高度认同。每个产品设计和运营的理念都是让游客深度体验与自然融合之美，尊重自然、尊重人的产品理念贯穿在产品的每个细节里。坚持在保护中开发，决不以牺牲环境为代价。比如在御水温泉·竹溪谷的项目建设过程中，1米以上的竹子都是不允许砍的，开发建设之前要先做绿化植入。正是因为竹溪谷对山水自然的尊重和对体验与自然融合之美理念的坚持，恰好成就了竹溪谷独特的风格设计和体验。

天目湖旅游公司产品研发逻辑如图14-8所示。

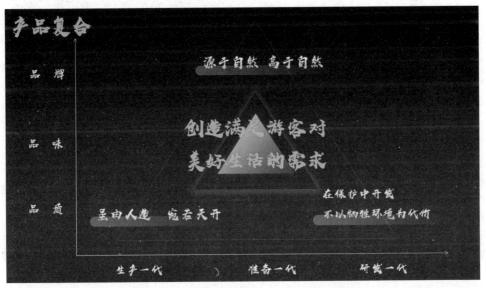

图 14-8 天目湖旅游公司产品研发逻辑

8. 聚焦城市群，深耕长三角

在文旅行业发展的长周期竞争中，产品创新优势要真正形成护城河，还需要在优势领域聚焦、深耕。天目湖旅游公司在创新一站式旅游模式的愿景之下，立足文旅行业，走稳健、专业化发展道路，通过布局复合型旅游产品，打造多元市场，同时构建战略型、业务型、服务型三位一体的专业职能体系，支撑并引领业务发展，护航战略落地执行。

首先，巩固根据地。通过项目开发和资源整合，巩固天目湖旅游公司作为江苏旅游龙头企业的地位，推动天目湖成为富有文化底蕴的世界级旅游度假区。

其次，深耕长三角。充分发挥协同效应，以点带面，以多样化产品项目，深度满足长三角地区优质客群的旅游休闲需求，成为区内最具影响力的品牌。

最后，聚焦城市群。通过并购重组，品牌创新引领，跨出外延步伐，进行天目湖一站式文旅模式的复制。以投资新建的方式，因地制宜地开发与管理优质旅游资源，打造一站式旅游目的地。依托核心竞争优势，通过品牌输出、委托管理等方式，积极外延发展。

天目湖旅游公司精准定位的一站式发展战略如图14-9所示。

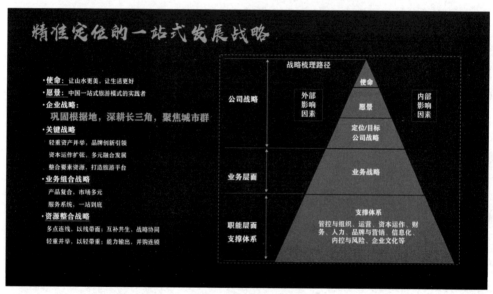

图 14-9　天目湖旅游公司精准定位的一站式发展战略

9. 推"滚"动创新之源：激活公司的创造力

在文旅行业长周期建设的特点下，外部环境的频繁变化对于文旅公司的战略坚持来说是一种巨大挑战，这种挑战对公司的资源整合能力、落地执行效率、创新活力的要求尤为明显。

10. 持续进化，提升战略的高精细化执行效率

从管理视角上看，天目湖旅游公司认为，公司盈利有3个重要指标：产品力、

经营力、服务力，全世界有80多个国家和地区针对这3个指标设立了质量奖，中国在2012年开始实施全新质量标准，进入与国际接轨的新阶段。

天目湖旅游公司对产品项目质量的重视来源已久。从2013年开始，公司导入卓越绩效管理体系，在所有产品项目中进行全流程的品质成本管控，历经10年的打磨，1200余人次参与，识别并优化流程1000余项，最终沉淀出独特的"卓越六精"经营管理模式，如图14-10所示。2022年9月，天目湖旅游公司获得"2022年江苏省省长质量奖"，这意味着天目湖旅游公司的产品质量标准成为江苏文旅行业的标杆。

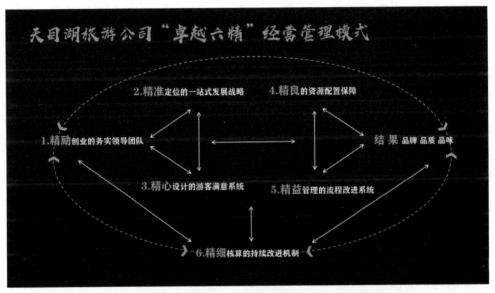

图 14-10　天目湖旅游公司"卓越六精"经营管理模式

知识点解析：卓越绩效管理

卓越绩效管理（Excellence in Performance Management）是一种管理理念和实践活动，它涉及持续地提升个人、团队和组织的绩效，以实现更高的效率和效果。这种管理方式通常包括以下几个方面。

• 清晰的目标设定：确保所有员工都了解他们的工作目标和组织的整体目标，并确保这些目标是具体的、可衡量的、可实现的、相关性强的和有时效性的。

• 持续的反馈和沟通：通过定期的绩效评估和持续的反馈机制，员工可以了解自己的工作表现，以及如何改进。这包括正向反馈和建设性的批评。

- 发展和培训：为了提高绩效，组织需要投资于员工的培训和发展，以确保他们具备所需的技能和知识。

- 激励和奖励：通过激励和奖励表现优秀的员工，组织可以鼓励员工完成更高的工作标准和更好的绩效。

- 数据驱动的决策：使用关键绩效指标和其他数据分析工具来监控和评估绩效，以便做出基于数据的决策。

- 持续改进：鼓励员工和团队不断寻找改进工作流程和方法的机会，以实现更高的效率和效果。

- 领导力和文化：强有力的领导力和积极的企业文化对于推动卓越绩效至关重要。领导者需要树立榜样，并创造一个支持创新、团队合作和持续学习的环境。

卓越绩效管理不仅关注个人层面的表现，还强调团队和组织层面的绩效。它要求组织在各个层面上都采取系统化的方法来管理绩效，并通过不断的评估和调整来提升整体表现。

按照"卓越六精"经营管理模式，根据时间制订短期计划、中期规划、长期战略，采用逐年滚动来优化战略。所有落地项目都要结合短期计划、中期规划、长期战略，在项目规划设计初期，由战略规划相关人员、产品设计部门、后期运营团队、招采部门组成项目组，成立精励创业的务实领导团队，从项目立项开始就根据产品的品味、品牌和后期运营对品质的要求进行限额设计与策划。在精细核算的持续改进机制下持续进行创新，精心设计的游客满意系统在满足各方需求的同时要有亮点，精准的资源配置保障高品质、有品味、树品牌战略的落地。天目湖旅游公司精细核算的持续改进机制如图14-11所示。

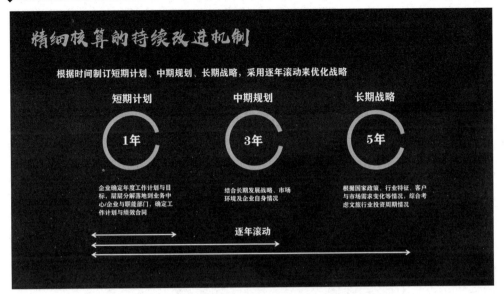

图 14-11 天目湖旅游公司精细核算的持续改进机制

在项目推进过程中，通过6个维度——游客和市场、产品和服务、财务结果、资源结果、过程有效性结果、领导结果和三方面强对比——内部对比、竞争对比、标杆对比，从而真实准确地反映公司管理现状及发展趋势，为公司战略制定、运营决策、项目迭代与创新提供反馈，持续推动创新。

11. 划小核算机制，激活一线创造性

为了让业务一线员工快速、正确地决策，让创造成果的人更好地分享成果，天目湖旅游公司引入阿米巴经营模式，划分最小经营单元，通过合伙人制和内承包制（内部创业制）、项目制、利润分成制，让每个事业部门独立经营核算，同时也给每个事业部门自主适配业务所需的组织、人才和管理机制。通过真诚的利他经营哲学，在业务一线真正培养具有经营意识的人才，实现公司收入最多、成本最低的经营算盘，如图14-12所示。

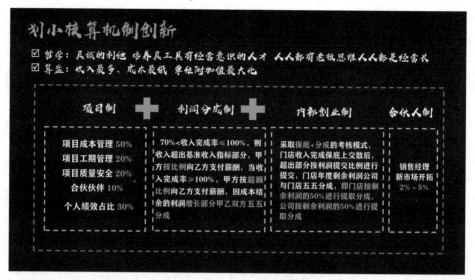

图 14-12　天目湖旅游公司划小核算机制创新

知识点解析：阿米巴经营模式

阿米巴经营模式（Amoeba Management System）是由日本企业家稻盛和夫创立的一种独特的管理方法。这种模式将组织划分为许多小型的、自主经营的单位，这些单位被称为阿米巴。每个阿米巴像一个微型的企业一样运作，有自己的领导人，负责自己的利润和损失。这种模式有助于提高组织的灵活性和响应能力，同时也能够激发员工的潜力和创造力。然而，实施阿米巴经营模式需要高度的透明度、精确的会计系统和员工的高度参与度。这种模式的特点包括：

• 单位划分：组织被划分为多个阿米巴单元，每个单元都有明确的职责和目标，通常基于产品、服务或功能来划分。

• 自主经营：每个阿米巴单元都有自己的领导人，他们负责制订计划、做出决策，并对其财务结果负责。

• 利润中心：阿米巴单元被视为利润中心，必须对自己的收入和支出负责，并努力实现盈利。

• 单一核算：每个阿米巴单元都进行单独的核算，这样可以清晰地了解每个单元的财务状况和经营效率。

• 透明度：阿米巴经营模式强调透明度，所有阿米巴单元的财务和经营信息都是公开的，这有助于促进团队合作和公平竞争。

● 员工参与：员工被鼓励积极参与决策过程，并对自己的阿米巴单元的成功负责。

● 价值创造：阿米巴经营模式鼓励所有单元寻找创造价值的新方法，包括提高效率、降低成本和开发新产品或服务。

● 绩效评估：阿米巴单元的绩效定期评估，以确保它们对组织的整体目标作出贡献。

除了管理模式的创新保障组织的创造力被激活，更重要的是，生长式创造的组织文化和培养机制，保障组织落地的能力和心力。

12. 生长式创造的组织文化：平凡创造奇迹

在天目湖旅游公司，没有一名创始团队高管的子女进入高管团队，也没有名企、名校的空降兵。大部分员工都是毕业后通过校招进入天目湖旅游公司的，他们通过多年的一线奋斗，在天目湖成家立业，在不同的岗位上倾力奉献。

天目湖旅游公司本身就是一代代人为自己的事业奋斗、打拼、积累起来的，它不是某个人的公司，而是一群脚踏实地的年轻人一步步打造起来的事业，而奋斗、打拼的精神和文化也就长在天目湖旅游公司员工的"血液"里。

"天目湖旅游公司的每个员工都是普通人，但我们在这里可以感受到自己是可以通过努力，不断创造奇迹的。"天目湖旅游公司董事长李淑香本身就是天目湖旅游公司员工的一个缩影。她从大学毕业就进入天目湖旅游公司，在公司一干就是二十余年，从一线导游干起，做到分公司总经理，再到公司总裁，最后成为公司董事长。

这样的故事也同样发生在天目湖旅游公司的管理层中。"在天目湖旅游公司，哪怕你是新人或者年轻人，只要你愿意学习、愿意奋斗，你就有机会。"天目湖旅游公司旅行社总经理王婷就是这样的例子，她在天目湖旅游公司人力资源部门入职不到五年就实现多次跨级晋升。

从新任董事长就职，到创始团队退出管理层以提供全力支持，再到业务部门元老配合绩效管理机制转岗职能赋能岗位。天目湖旅游公司一直秉持人岗匹配的原则，不仅要才能匹配，而且要德行匹配，让更适合岗位的人在岗位上创造更大的价值。

13. 网格化培训体系，浸泡式培养多样性人才

"学历代表过去，能力代表现在，只有学习力可以代表未来。"天目湖旅游公司鼓励员工保持终身学习的习惯。董事长李淑香在担任导游期间通过学习考取了高级导游资格证，在从事人力资源管理工作时又考取了高级人力资源管理师证和其他多项证书。

天目湖旅游公司基于外部环境的变化及公司的战略，建立了一套自上而下的完整的培训管理体系——"横向4C、纵横五维，组织牵头、赋能个体"的网格化培训体系。公司每年都会安排团队外出学习，几乎所有业务负责人都参与了混沌创商院的学习，并且每年还引入混沌创商院的多位领教老师走进企业内部开展工作坊。

天目湖旅游公司不仅组织员工对科学经营管理体系进行系统性学习，帮助员工打开视野，而且注重传统文化对员工的熏陶，对全体员工进行品格的滋养和提升，使员工在学习中成长、成才。

天目湖旅游公司三位一体的人力资源体系如图14-13所示。

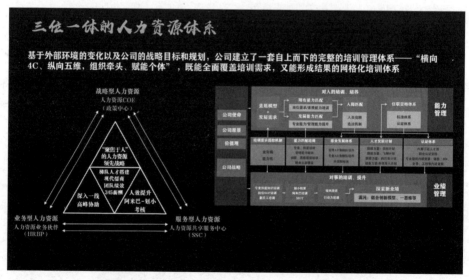

图 14-13　天目湖旅游公司三位一体的人力资源体系

14. 延企业温度之"烫"：传承现代儒商

企业成功的核心取决于战略的正确决策、强大的组织能力和有生命力的文化。其中战略是从0到100，组织也是从0到100，而文化是可以从－100到100的，文化的力量是颠覆性的，也是引领性的。

15. "儒商六德"，传承山水的向善之美

天目湖旅游公司最初成立就是源于溧阳政府产业布局的重要决策，所以，天目湖旅游公司从诞生之日起，就带有振兴溧阳经济的使命和开发山水自然的基因。在第一代创始人团队，特别是在作为儒家文化传承人的前任董事长孟广才的指引下，天目湖旅游公司形成了"儒商六德"文化：起于勇、立于公、成于实、兴于勤俭、敏于创新、志于责任，如图14-14所示。

基于"儒商六德"的文化驱动，通过将使命能力化，愿景目标化，价值观行为化的方式，使员工在天目湖旅游公司内形成对山水的敬畏之心，遵循"源于自然、高于自然"的开发建设理念，创造让山水自然与文化旅游相得益彰的产品。

图 14-14　天目湖旅游公司的"儒商六德"文化

结语

一方山水养一方人。天目湖旅游公司生于山水自然，长于自然社会的进化中，成于对山水自然和人的敬畏与尊重。正是因为相信并坚持旅游是人们追求美好生

活的方式，天目湖旅游公司才不断为游客的美好生活努力提供更好的产品或服务体验，不断为员工的美好生活提供更大的成长平台，不断为祖国的一方山水创造还原山水自然美的旅游产品，以激活人性向善的美好。未来，当每一位来过天目湖的游客都能感受到山水自然的美和人性向善的美时，天目湖旅游公司就会获得不断跨越非连续性挑战的"超能力"。

▶ 混沌教练说 ◀

"一"战略系统，"滋养"企业持续战略制胜的生命力

无论是在过去的三十年，还是在未来的三十年，乃至更长的时间里，尽管外部环境不断变化，但企业的本质并没有发生变化，那就是创造客户、创造价值。对于企业而言，相对不变的是企业及其创始人的价值理念，变化的是客户的需求和匹配需求的供给方式。

如同混沌创商院的案例企业一样，有正在经历构建商业模式、寻找业务破局点的企业，它们开始构建属于自己的独特的价值网络，验证客户的真需求，创造企业的价值，以求在市场占据一席之地；有在快速增长期夯实核心竞争力的企业，它们在集中资源打造价值网络的独特性，建筑坚实的护城河，不断提升企业的价值，在市场扎根生长；也有在变革转型期重新构建有生命力的价值网络的企业，它们在探索新的需求点，创造企业新的价值点，在市场蜕变绽放。所以，企业持续跨越非连续性挑战的核心就是，基于原有的价值不断创造新的、更高的价值。如何让企业创造价值这件事具有生长性，混沌创商院提供了一套行之有效的方法——"一"战略系统的五问，而本章案例企业用三十年的发展也证明了"一"战略系统进化的力量。

"一"战略系统的五问，把脉企业的生命线

不确定的是环境和价值网络里的要素，而确定的是企业发展的规律，"一"战略系统的五问跳出了不确定性因素的变化，回到了企业发展基本规律的确定性中，让企业在发展的不同阶段都可以根据这五个问题来把脉企业自身的发展状况及其

在市场中的位置。

1. 我是谁？我在哪儿？——时空定位我的位置，明确我的战略问题

企业在面对纷繁复杂的竞争环境时，清晰地认知自己是战略制胜的第一步。"一"战略系统用代表企业发展周期的思维模型——S曲线，结合业务发展的市场数据和反馈，判断企业的发展阶段，处于不同发展阶段的企业面临不同的战略问题。通过"来、钱、快"（客户主动来、客户愿意付费、客户的数量形成自增长）的指标判断企业是否度过破局期，在破局期前的战略问题是验证真需求、找到自增长的商业模式。在破局期后的战略问题则是如何集中资源单点击穿，形成爆发式增长。当业务增长出现乏力、陷入激烈的同质化内卷竞争时，业务就要开始进行变革，探索新的需求方向、变革原有价值网络、放弃老业务、布局新业务都是当下要考虑的战略选择。

S曲线只能帮我们从周期上判断战略的方向，并不能帮我们明确战略方向的具体选择。基于客户价值网、供应商价值网、资源价值网和友商价值网所构建的价值网络模型，正好可以从空间上让我们看清楚自己的生态位和未来战略的具体发力点。特别是客户价值网和供应商价值网，它们让我们快速清楚地看到业务，乃至行业的供需生态。

本章案例企业用10年的时间才摸索出观光型旅游景区的商业模式，从山水园到南山竹海，再到御水温泉的度假产品运营，案例企业用的是同样的供应商价值网，在这个过程中也沉淀了4A级景区运营的核心能力和独特资源。正是这个核心能力和独特资源才让案例企业在面对景区业务变革时有突破的抓手，面对不同的客户需求，调整匹配的供应商价值网和资源价值网，形成新的S曲线（见图14-15）和价值网络，探索出跃迁式增长路径，如图14-16所示。

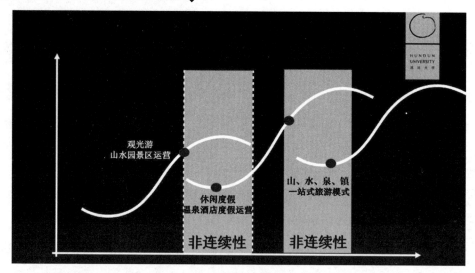

图 14-15　案例企业新的 S 曲线

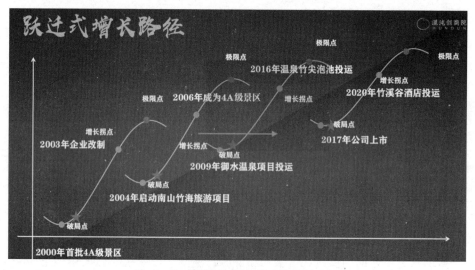

图 14-16　案例企业的跃迁式增长路径

2. 我要去哪儿？——需求分析找准机会方向

　　决定企业价值网络和S曲线走向的不仅仅是外部环境，更重要的是企业的战略选择，特别是选择客户的什么需求。而客户的需求往往具有复杂性、多样性和迷惑性，当整个事物模糊不清时，把事物拆解到基本要素、最小单元，就能够看到本质和趋势，这就是"一"战略系统中所强调的思维模型——组合创新。

第一条路径就是从企业的老客户需求入手，特别是当企业正处于快速增长期时，详细地分析老客户的真需求和关注指标，往往能够找到未被充分满足的指标和要素，这就是增长突围的路径。

第二条路径则是从已经满足的需求出发，寻找有这个需求的新客户，拓展新的客户渠道和资源，从而实现增长的结果。

第三条路径对处于破局期和变革期的企业尤为有效，即找新客户新需求。

拆解客户需求的维度往往是企业战略制胜的关键，可以结合年龄、消费理念、家庭属性、思维特征、区域属地等多个维度拆解不同消费群体的需求特质，特别是结合行业发展的不同阶段和市场消费趋势分析不同群体的需求变化。

案例企业从代际年龄、消费观念、出游方式选择、消费能力、情感需求、功能需求等多个维度分析，发现70后偏向观光游，注重环境、服务、性价比和便捷；80后往往通过网络预订有特色、有品质的休闲度假轻松游；90后则崇尚自由行，喜欢新奇、有个性、小众的地方，注重互动体验的情感游。随着80、90年轻一代成长为消费主力，消费者的核心需求也从多快好省的传统消费价值观转变为趣美嗨秀的新型消费价值观。

每个文旅产品往往会涉及不同代际的游客，所以，案例企业在休闲度假游的大趋势下，不仅开拓度假酒店业务板块，还针对不同代际人群的需求设计不同定位的酒店，有家庭民宿，也有轻奢个性酒店，还有家庭星级酒店等多种风格。

需求的拆解不仅要基于过往的数据和认知，还要在实践中不断反馈和迭代。案例企业通过游客满意度调研，在了解实际体验中发现新需求，后续通过持续追踪关键点反馈，把事后控制放到事中，最终通过智能化系统搭建实现千人千面的品牌服务体系。对应不同阶段和人群的需求变化，匹配产品研发和市场营销迭代品牌认知，打造全域品牌矩阵，激活品牌的生命力。

3. 我能怎么去？——错位竞争找出差异化优势

"一"战略系统的前三问解决的是我和客户、我和市场的关系，真正让企业在激烈的市场竞争中扎根下来，还得靠差异化优势，这就是"我能怎么去"的核心——与其更好，不如不同。

中国文旅行业从20世纪70年代到90年代的观光游，发展到2000年之后的休闲度假游，用了30年的时间，可是从休闲度假游到个性化旅游不过10年的时间。文旅行业快速发展不仅因为经济快速发展带来的消费升级，也因为不同消费群体的不同消费理念和不同诉求所带来的供给产品的多样性，这极大地推动了行业的发展和变革。

在多样化、同质化的产品竞争之下，如果和在位的巨头企业比谁做得更好，谁的产品更便宜，往往对于新进入的企业来说是不可能的。但是如果新进入的企业做的是在位企业做得不好而客户又有需求的业务，反而可以走出一条新路。案例企业正是不走"寻常路"（大家都走的路，竞争谁走得更快），才在文旅行业脱颖而出。

中国文旅行业2023年的市场规模达到129 515亿元，全国规模以上文旅相关企业达7.3万家。其中以华侨城、长隆为代表的主题公园是文旅行业的头部，它们的一站式模式对资金和运营的要求都比较高。以乌镇为代表的旅游古镇一站式模式也是行业的主流模式，这类模式对古镇资源有比较高的要求。以宋城为代表的单日游览+演艺模式是近些年发展比较多的，这对资金和运营能力的要求也比较高。虽然这些模式有比较大的市场需求，但前期投入大，回报周期长，运营难度大，并不适合所有企业。

案例企业结合自身的自然资源，有山非名山、有水非稀有、有泉非独特、有镇非规模，既然单点无法破局，那就组合创造新模式，打造山、水、泉、镇一站式旅游的新模式，既能和市场大量同质化产品形成错位竞争，又能充分发挥自身的差异化优势打造独特性。

文旅行业的错位竞争如图14-17所示。

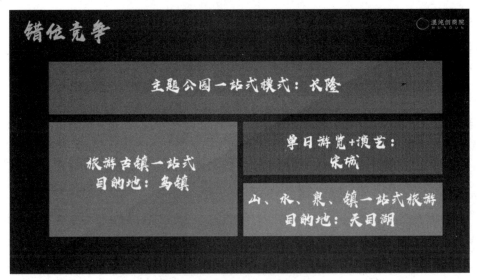

图 14-17　文旅行业的错位竞争

4. 还有吗？——突破认知边界，看见更大的战略机会

"一"战略的前四问已经可以帮助企业建构明确的战略地图，从逻辑思想上帮助企业系统分析战略的可行性。而商业不只是思想实验，更是实战验证，我们需要拿着这张战略地图做最小成本的MVP验证，不断迭代对需求的满足、对错位竞争的优势构建，在实战迭代中不断进化战略地图。然而除了这个，我们还有第五问：还有吗？这是我们从认知上再次突破、探索到更大可能性的机会，也有可能帮助我们从起点开始就比竞争对手更容易接近商业成功。

破解这个思维模型的核心就是突破原有的认知边界，探索原有认知的例外，关键是对客户、客户需求、价值、核心能力和击穿点的隐含假设的挑战。比如，案例企业分析不同年龄段游客的不同旅游消费需求，对应不同的需求设计不同的产品，这样是不是就真的能吸引更多的游客？

品牌是企业连接客户的价值传递，如果品牌是建立在对客户的需求满足的基础上，那么品牌的升级迭代速度要跟得上需求变化的速度。而当下市场环境复杂多变，需求的变化速度远超产品研发的速度，一味地满足客户的需求，短期内可以获得客户的青睐，长期却无法真正留住客户。

所以，需求的个性化满足，不如需求的价值引领。当品牌建设是建立在对客户价值追求的引领上，品牌就有了不断适应环境变化的创造力，客户与品牌真正连接的是价值共识，更新迭代的产品是需要深度贴合客户价值需求的高品质产品。特别是在需求快速变化而产品研发周期相对较长的文旅行业，文旅企业只有在精神价值的追求上引领客户，才能真正构建长期的品牌价值，实现客户不是因为产品而信任品牌，而是因为品牌所以选择产品。这也是案例企业之所以能够做到凡之所出皆为精品的原因。

 ## "一"战略系统进化，激活企业价值创造的生命力

商业发展是动态的，企业发展也是动态的，所以，"一"战略系统本身也必须是动态的，并且是能够和企业价值创造的过程共同生长的。什么才是价值创造生长的源泉呢？那就是"一"，它在企业的不同发展阶段有所不同。在企业发展初期，价值创造的源泉往往来自创始人的理念，或者创始团队的核心能力和客户价值需求的匹配；在企业高速增长期，价值创造的源泉往往来自团队和客户的价值主张；在企业变革期，价值创造的源泉既来自核心能力的沉淀，也来自价值主张的延续，更重要的是创始人的理念与使命。

案例企业在1992年成立之初，恰逢改革开放的关键年，国内生产总值从1978年的3645亿元增长到1992年的23 938亿元。为顺应国家发展的大战略，全国各级政府都在为当地的经济发展规划和布局，不少政府根据自身特色以旅游业为重点产业链进行经济战略性布局。江苏省常州市溧阳市身处"鱼米之乡"，拥有三山一水六分田的得天独厚的自然生态资源，也适合以自然生态资源为突破口，打造农业和旅游业的重点产业链。案例企业也快速成为当地的龙头旅游企业，获取大量的资金和资源支持，建立了景区品牌。所以，案例企业发展的第一个10年，乃至整个发展历程，都有激活区域经济和产业民生的价值之源。也正是因为这份价值创造的源泉延续，在2023年，案例企业又重新变回国有和民营混合所有制企业。

案例企业历经30年的发展，价值创造生长的源泉从国家的产业经济使命到创始人的山水自然理念，再到核心团队的平凡人创造奇迹的成长之美，始终在生长，不断在进化。一方面，在第一代创始团队尊重自然、敬畏山水的价值理念驱动下，开发的项目因为尊重、保护自然反而成为不可被复制和替代的产品；另一方面，在第一代创始团队的精细化运营管理的沉淀下，形成科学运营管理的独创机制和

平凡人创造奇迹的组织运营体系，让企业形成不可被短期超越的竞争力。正因如此，形成了案例企业的价值理念：让山水更美、让生活更好，把人与自然的融合深入到每一个细节。

2023年，案例企业完成了第一代创始团队的接班，第二代管理团队在展望未来30年的战略地图时，发现这30年所沉淀的价值正是未来价值创造的生命之源，未来让一方山水更美，为游客还原山水自然美的一站式目的地旅游体验。在商业上真正构建游客的品牌心智，让大家提到这种模式就想起这个品牌。不仅有产品的独特性，更重要的是，要有与游客的价值连接点，绑定游客的价值理念。比如，长隆连接了游客的欢乐价值点，乌镇连接了游客的文化价值点，天目湖旅游公司连接了游客的美好价值点。

案例企业的"一"战略系统进化如图14-18所示。

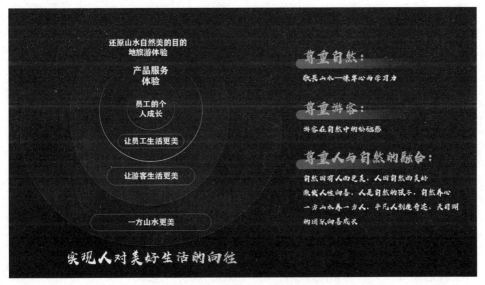

图 14-18 案例企业的"一"战略系统进化

启发思考题

梳理企业的"一"战略系统

1. 我是谁？我在哪儿？

① 我的业务正处于什么发展阶段？

② 我的客户价值网里都有谁？

③ 我的供应商价值网是什么？

④ 我的资源价值网里有什么？

⑤ 我的竞争对手是谁？

⑥ 结合业务发展阶段和价值网络判断，我当前的战略问题是什么？

2. 我要去哪儿？

① 我当前的客户有什么需求？最重要的需求是什么？这个需求关注什么指标？

② 业务满足的这个需求，还有哪些新客户也有这个需求？新客户有什么新的关注指标？

③ 我的业务里有什么新客户和新需求是之前没有发现的？

3. 我能怎么去？

① 满足这个新需求，我有什么核心能力可以与之匹配？

② 这个新需求，还有哪些企业可以满足？它们采用的是什么模式？有哪些是大企业做不了或者看不上，但又有效的模式？

③ 我独特的商业价值主张是什么？我要击穿的单点是什么？

4. 还有吗？

① 之前分析的客户需求真的是最重要的需求吗？有没有例外？

② 之前分析的核心能力有没有例外？

③ 行业有哪些共识是你不认可的？

④ 你对行业有什么反共识的认知？

结语

中小企业业务创新的精髓

在看过了不同行业、不同角度的创新实践案例之后，让我们再次回归原点，思考一个问题：中小企业如何提升业务增长、企业发展的确定性？

本书中的案例企业，绝大多数并没有异于行业的资源禀赋，也并非能未卜先知，预见了未来经济的走势和行业的终局。它们身上最大的共性标签是——创新，当商业世界的变化幅度越来越大、变化频率越来越高的时候，它们用创新来寻找"确定性"。对于万千中小企业而言，它们树立起的创新榜样，更胜于那些耳熟能详的各行业龙头。

业务创新的陷阱

但我们依旧能从这些案例企业身上看到，创新确实是一条非常容易失败的道路。在创新式生存、创新式增长、创新式发展的过程中，有三大隐藏陷阱。

第一，没有目的。创新本身从来不是目的，不能为了创新而创新。在决定创新之前，企业家和创新者们，首先要思考的是，客户还有什么未被满足的需求，业务还有什么未被扫除的卡点，企业面临着什么存亡攸关的风险。如果不把这些当作创新最直接的目的，那么所谓的创新很容易变成你追逐风口和标新立异的借口，结果会让你头破血流。

第二，没有体系。大多数的商业创新是组合创新——把旧的市场要素用新的方式组合起来，这对中小企业而言尤其如此。以本书中的案例企业来看，具体的商业创新举措可以朴素地总结为：或是把新的技术融入当前的业务流程中，或是用新的营销热词来重新包装产品价值。但为何这些企业能够成功，而广大的中小企业甚至大型企业做同样的尝试，整体成功率却极低？这是因为，创新不只是最终实施的举措，更是对业务全局的系统谋划。本书在每个案例之后都加入了案例解析，结合这些解析，相信你能够对这个体系有一定感受。

混沌创商院在业务创新这个命题下，打磨出了一套系统的创新五步法：

第一步，我是谁？我在哪儿？企业需要首先对关键业务及其所处的行业进行诊断分析，找到业务创新的目的是什么，需要解决什么问题，业务才能存续，企业才有发展。

第二步，我要去哪儿？彼得·德鲁克曾说过："企业的宗旨就是创造客户（价值）。"先有持续性地为客户创造价值，才会有持续性的业务。所以，解决业务存续问题和企业发展问题的起点，就是先明确还有哪些客户的需求未被满足，还有哪些客户的价值尚待创造，哪里是企业创新的方向。在第二步时，就是要找到潜在的创新方向。在本书的案例中，创新教练使用了混沌创商院的组合创新思维模型，来演示如何通过拆解和组合，发现未被满足的需求。

第三步，我能怎么去？哪个创新方向是最适合自身业务的机会？如何分配有限的资源才能充分把握业务机会？如何构建"越来越多"的增长飞轮，带领团队把业务机会夯实成企业长期发展的基石？第三步就是通过回答这三个问题，来回应"我能怎么去"。在本书的案例中，创新教练使用了混沌创商院的"一"战略、错位竞争、战略杠杆等思维模型来演示如何具体分析上面三个问题。

第四步，还有吗？假如通过第二步和第三步的分析，你还是无法找到创新性解决业务问题的方案，就需要再追问一次：还有客户价值等待我去创造吗？如果常规的角度已经找不到了，这一步就需要逆向思维、全局思维，从产业链各方的具体问题出发，倒推创造客户价值的机会。混沌创商院的破界创新就是这种情境下的一个思维工具。

第五步，能去吗？所有的创新，最终都要落实在实际行动中，那么如何用最小的成本来验证创新方案的可行性？这就是第五步需要解决的问题。

以上五步，共同构成了一个完整的业务创新方法论，缺失任何一环，都可能导致创新失败的风险急剧增加。但限于篇幅，本书中的案例，只结合案例企业在具体的业务情境中，采取的起到关键决策性作用的一两步，但这绝不代表，案例企业没有在其他方面做足功夫。

第三，没有持续性。业务创新不是一蹴而就的，甚至要经历"九九八十一难"。但"行百里者半九十"，对于企业家和创新者而言，最关键的是，在这个过程中保持耐心、大胆假设、小心求证，用实践的反馈不断迭代、完善自己对商业的理解，对业务创新的假设，再进入下一轮实践。在电子产品越来越同质化的今天，我们越来越怀念乔布斯。带着这份怀念，如果我们再去思考：乔布斯最好的作品是什么？那么答案一定不是某一款具体的iPhone或者iPad产品，而是在他的带领下不断迭代反馈、不断自我颠覆，用创新打破过去成功的那个阶段的苹果公司。

📈 本书的初衷

本书的案例源于混沌创商院过往5000多位企业家校友的实践，我们从中专门选取了未来一个时期内中国企业创新道路上的共性课题，如，制造业出海等时代趋势、产品/服务创新、营销创新、技术创新及公益创新等多个维度。我们希望这些案例和案例解析，能够帮助读者开始构建自己对业务创新的思考框架，避开创新过程中的隐藏陷阱，提升业务增长、企业发展的确定性。

在此，首先，要感谢案例中的企业家们，他们不但为中小企业的创新实践树立了榜样，还积极支持混沌创商院将他们的经验传递出去。其次，要感谢项目组的创新教练们，他们中有些是高校的教授，有些是亲身创业的企业家，有些是资深商业顾问或企业高管，但他们都有一个共同的身份——混沌创商院创新教练，他们用一年半的时间一起筛选、讨论、解读前面的案例。最后，要感谢李善友教授和混沌创商院的60余名创新领教和100余名创新助教，因为这些案例的分析、解读所调用的理论，是他们在混沌多年一起研究、教学、实践的积累。

2024年是混沌成立10周年，混沌创商院成立5周年。有观点认为，"双创的时代已经过去……认知提升已经没有意义"。但我们依然对"创新"抱有期待，对"认知提升"抱有期待。"创新理论之父"熊彼特认为："创新是经济发展的根本动力。"李善友教授曾说过："认知是因，创新是果。"混沌新10年，我们期望从认知到效果，用"一"思维的本质思考与探索流的群智涌现，继续深度陪伴创业者和企业在低增长时代继续向上、向前，打造永不熄火的创新引擎！

白露明

反侵权盗版声明

电子工业出版社依法对本作品享有专有出版权。任何未经权利人书面许可，复制、销售或通过信息网络传播本作品的行为；歪曲、篡改、剽窃本作品的行为，均违反《中华人民共和国著作权法》，其行为人应承担相应的民事责任和行政责任，构成犯罪的，将被依法追究刑事责任。

为了维护市场秩序，保护权利人的合法权益，我社将依法查处和打击侵权盗版的单位和个人。欢迎社会各界人士积极举报侵权盗版行为，本社将奖励举报有功人员，并保证举报人的信息不被泄露。

举报电话：（010）88254396；（010）88258888

传　　真：（010）88254397

E-mail：　dbqq@phei.com.cn

通信地址：北京市万寿路南口金家村288号华信大厦

　　　　　电子工业出版社总编办公室

邮　　编：100036